Curt Maronde

Rund um den Tee

Eine amüsante, umfassende Tee-ologie
mit 80 praktischen Tee-Rezepten

Ausgezeichnet mit der Medaille
der Gastronomischen Akademie
Deutschlands

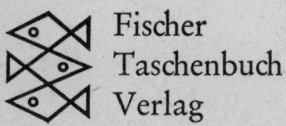

Fischer
Taschenbuch
Verlag

Fischer Taschenbuch Verlag
  1.—15. Tausend: Dezember 1973
16.—23. Tausend: Januar 1974
24.—33. Tausend: Juni 1974
34.—43. Tausend: März 1975
Erweiterte Neuausgabe

Umschlagentwurf: Jan Buchholz / Reni Hinsch
unter Verwendung eines Fotos (Das Deutsche Teebüro, Hamburg)

Fischer Taschenbuch Verlag GmbH, Frankfurt am Main
© 1973 by Fischer Taschenbuch Verlag GmbH, Frankfurt am Main
Gesamtherstellung Clausen & Bosse, Leck/Schleswig
Printed in Germany
ISBN 3 436 01876 7

Inhalt

Einladung zum Tee 7

Wo kommt eigentlich der viele Tee her?
Thea Sinensis und Thea Assamica —
zwei wohlduftende Damen werden gekreuzt 9

Ein Clown schrieb das klassische Buch vom Tee 16

Wo die Queen regiert
Tee, der Gentleman und Romantiker
unter den Getränken 19

Für Damen von zartem Gefühl 25

Die falschen Indianer von Boston
Heiße Liebe zum Eistee 30

Rund um den Samowar 33

Vom grünen Blatt zur goldenen Labsal
Schon die Namen sind wie Poesie — doch
was bedeuten sie? 38

Die Liebe des ehrenwerten Tschung-Hun-Wing 40

Der kluge Mandarin 42

Edler Tee und die Rezeptur seiner Zubereitung 45

Die Kunst des Kostens, die Kunst des Mischens 49

Tannin? Chlorophyll? Thein? Kalorien? Vitamine?
Was sagen die Ärzte zum Tee? 53

Mit Tee kann man köstlich punschen
Wie kam der Seebär zum Grog?   56

Bowle mit Variationen   58

Rund um die Teekanne   60

Gegen alles ist ein Kraut gewachsen   63

Mit Zucker, Zimt und Mandelstern   65

Kleines ABC vom Tee   68

Teeweisheiten aus vier Jahrtausenden   72

Rezepte   74

Einladung zum Tee

Diese Einladung gilt Ihnen persönlich! Sie werden bei dieser Gelegenheit leuchtende Sterne und erste Größen der internationalen und historischen Society antreffen wie das tragisch-romantische Liebespaar Lady Hamilton und Lord Nelson, den Grandseigneur und Bonvivant der Goethezeit Fürst Pückler-Muskau, den japanischen Teemeister Rikyu, den bekannten Schriftsteller Heinrich Heine, Queen Victoria und Präsident Abraham Lincoln, den Globetrotter Marco Polo, Seine Majestät Kaiser Shennung, den Dichterfürsten Johann Wolfgang von Goethe und andere Prominenzen und Exzellenzen. Nicht zu vergessen Thea Sinensis und Thea Assamica — zwei wohlduftende Teedamen aus dem Reich der Mitte und von den Höhen des Himalaya. Kurzum, eine bunte und illustre Gesellschaft, in der Sie sich bei vielen Tassen Darjeeling Broken Orange Pekoe bestens unterhalten und wohl fühlen werden.

Weise Worte werden die Prominenzen und Exzellenzen fallenlassen über den Tee, der nach dem Vorbild Julius Caesars als junges grünes Blättchen zart behaart ist, später aber die Haare verliert; der als Alpinist auf 1500 Meter ü. M. am besten gedeiht und mitunter so vornehm ist, daß er nur mit Handschuhen gepflückt werden darf. Das Gespräch wird durch die Kulturgeschichte, durch fünf Erdteile und 3000 Jahre führen, durch Indien, Ceylon, China, Japan, Rußland, England, Amerika, die blauweiß gekachelte Behaglichkeit Ostfrieslands und mancherlei Küchen anderer Provinzen, wo der vorzügliche Tee auch vorzüglich zubereitet werden sollte. Dafür finden Sie auf den Seiten 46 bis 47 fünf nützliche Grundregeln und vielerlei Ratschläge, Anregungen und Tabus für den liebevollen, kennerhaften Umgang mit Tee, die sich in den weltweiten Kreisen wirklicher Teegenießer als »Geheimtips« vererbt haben.

Auch da zeigt sich, daß die Geschmäcker ganz verschieden sind. Der eine liebt den zartblumigen Duft feinster Darjeelings oder den Jasminhauch chinesischer Tees, andere bevorzugen Fülle an Aroma, herzhafte Würze und kräftige Belebung, wie es die Engländer, Ostfriesen, Holländer und Russen von ihrem Tee verlangen.

In unseren tee-ologischen Unterhaltungen erfahren Sie auch, wie man mit Tee herrlich punschen (nicht panschen) kann, daß er sogar die Verbindung mit wacholderduftendem Gin liebt und daß Eistee bei höllischer Hitze ein himmlischer Durstlöscher ist.

Auch was man Leckeres zum Tee knabbern, lutschen und löffeln kann, all die kleinen süßen und sauren Raffinessen aus vielerlei nationalen Küchen und Konditoreien werden Sie kennenlernen, zum Schluß vor Begeisterung dampfen wie heißer Tee und die Worte des Engländers Samuel Johnson auf der Zunge nachfühlen, der verzückt bekannte:

»Ich bin ein hartgesottener, unverschämter Teetrinker, dessen Kessel keine Zeit findet, kalt zu werden; der sich mit Tee am Abend vergnügt, sich zur Mitternacht damit labt und mit ihm den Morgen begrüßt.«

Von einem Engländer stammt auch das Wort: *»Any time is tea-time«* — es ist immer Zeit für eine köstliche, erquickende Tasse Tee.

ALT-
CHINESISCHES
TEEGERÄT AUS
PORZELLAN
UM 3500 v.CHR

Wo kommt eigentlich der viele Tee her?
Thea Sinensis und Thea Assamica – zwei wohlduftende Damen werden gekreuzt

In meiner Ungestörtheit auf den Höhen des Himalaya erfahre ich den höchsten Genuß des Teetrinkens. Wenn ich im späten Zwielicht zurückkehre, durchdringt mich die behagliche, gemütliche Wärme des Tees, während die Schatten der Nacht über mein Bergnest schleichen. Wie oft bedurfte es nur einer kleinen Tasse Tee, um mich mit Menschen bekannt zu machen und eine Freundschaft fürs Leben aufzubauen.

P. Brunton: »Als Einsiedler im Himalaya«.

War die Urheimat der Teepflanze Indien oder China? Nach 3000 Jahren sind sich die Gelehrten darüber immer noch nicht einig. Zahllos sind die Legenden und Histörchen um diese Geburt.

Schon in alten indischen Märchen taucht der Tee als Gottheit auf. Und die Sage erzählt vom indischen Königssohn Bodhidharma, der bei buddhistischen Meditationen immer wieder vom Schlaf übermannt wurde. Ergrimmt über seine menschliche Schwäche, schnitt er sich die Augenlider ab. Sie verwurzelten in der Erde, trieben grüne Blätter, Bodhidharma kostete davon und verspürte eine Frische, die ihn mit Heiterkeit und Kraft erfüllte. — Der Tee war entdeckt!

Heute hat Indien 500 Millionen Einwohner, 220 Millionen heilige Kühe, über 200 Dialekte und 400 Tee-Rezepte. Ein Märchenland von üppigbunter Schönheit.

Hier ging Vasco da Gama an Land und vor ihm Marco Polo. Hier lagen die sonnigen Küsten mit Weihrauch und Myrrhe für die Schiffe des Königs Salomon. Kolumbus hatte den Seeweg nach diesem Land gesucht und dabei versehentlich Amerika entdeckt.

In Indien wimmelt es noch heute von Maharadschas, Gauklern, Fakiren, Magiern und Mönchen; noch immer steckt es voller Geheimnisse und Wunder. Und eins dieser Wunder ist sein Tee.

Die Anbaugebiete der Spitzentees liegen zum Teil tausende von Kilometern auseinander. Ebenso verschieden wie diese Gebiete sind auch Blume, Farbe und Stärke der Tees, die jeder Sorte ihre eigene, charakteristische Note geben.

Die edelsten Sorten wachsen im Norden in Darjeeling, an den Südhängen des gewaltigen Himalaya-Gebirges. Darjeeling ist ein Höhenluft-Kurort, ein indisches Städtchen, das der wohl bekanntesten Teesorte ihren Namen gab.

Die Darjeeling-Plantagen liegen im Gebiet der Teesta-, Balasan- und Mechi-Ströme, in 2000 Meter Höhe. Zwei der ältesten Teegärten in Darjeeling, »Steintal« und »Happy Vally«, sollen vor langer Zeit von deutschen Missionaren oder Eremiten gegründet worden sein.

Die kühlen Nächte und die intensive Höhensonne des Tages lassen hier die höchstbezahlten Tees der Welt wachsen. Und weil die Blätter dieser Tees in der kurzen Erntezeit von April bis November langsamer wachsen als in anderen Anbaugebieten, zeichnen sie sich durch ein besonders liebliches, intensives Aroma aus.

Man unterscheidet mehrere Qualitätsgruppen: die Frühlingspflückung (first flush), die Sommerpflückung (second flush) und zwei Herbstpflückungen (autumnals, first und second flush) sind die besten Qualitäten.

Ursprünglich wurde im Darjeeling-Distrikt Tee aus dem Strauch »Thea chinensia« erzeugt, bis er in letzter Zeit mehr und mehr durch Kreuzungen mit dem erst im Jahre 1823 in Assam entdeckten »Thea assamica« in den sogenannten Blendings seinen heutigen Charakter fand.

Assam, eine Hochebene im Stromgebiet des Brahmaputra, ist der größte zusammenhängende Teedistrikt der Welt. In etwa 2000 Gärten wird ein Tee von besonderem Flavour geerntet, der wegen seiner feinen Qualität die Grundlage für viele begehrte Mischungen bildet.

Auf der Hochebene von Assam wie auch in Darjeeling findet der Teestrauch genau das Klima, das er liebt: Tropenglut, Luftfeuchtigkeit und Bergeskühle mischen sich in seinen Adern. Gewaltige Monsunregen bringen Fruchtbarkeit und Reife. Doch die Wasserfluten rauschen die Berghänge hinab und können die Erde nicht versumpfen, so bekommen die Teesträucher keine »nassen Füße«. Und kühle Bergwinde aus der Mongolei lindern die subtropische Hitze und erfrischen die Teepflanzen.

Geerntet wird in Assam von Mai bis Januar. Zuerst werden die sehr blumigen, aber weniger kräftigen »first flush«-Tees gepflückt, zwischen August und Oktober ge-

langen dann die »second-flush«-Sorten zur Auktion. In der folgenden Regenzeit werden bis zum Auftauchen der Herbst-Tees die großen Quantitäten geerntet.

Dooars ist eine indische Provinz westlich von Assam mit etwa der gleichen Erntefolge wie bei Assam-Tees. Auch Nilgiri im Südwesten ist ein bedeutendes Anbaugebiet. Hier und auf den benachbarten Anamalai- und Mudi-Hochebenen liegt die Erntezeit für feine Qualitäten zwischen Januar und März, wenn der Nord-Ost-Monsun über die Berge und Hochebenen streicht und man die berühmten Kaltwettertees pflückt. Die herben Nilgiri-Tees haben schon viel Ähnlichkeit mit den Ceylon-Tees.

Auf der grünen Tropeninsel am Golf von Bengalen reiht sich auf endlosen Hügelketten Teegarten an Teegarten. Ceylon-Tees können sich qualitativ mit denen des Himalaya messen, haben aber den besonders kräftigen, herben Geschmack, den viele Teetrinker heute bevorzugen.

Ceylons Teekulturen sind rund hundert Jahre alt. Vorher war die Insel nach Brasilien der zweitgrößte Kaffeeproduzent der Welt. Im Jahre 1869 betrug der Export 15 Millionen Kilo, und der Ertrag der Plantagen hätte noch gesteigert werden können.

Doch die englischen Pflanzer hatten ihre Rechnung ohne den Dschungel gemacht. Der bescherte ihnen Golunda Eiliot, die Kaffeeratte. Sie fraß die Blätter und Zweige der Kaffeebäumchen und schließlich auch die Stämme. Danach kam eine noch schlimmere Seuche: Hemileia vastatrix, der winzige, für jeden Kaffeestrauch tödliche Rostpilz.

Die Pflanzer kabelten nach London um Hilfe, bekämpften den Pilz mit Kalk und Schwefel, mit Eisen- und Kupfervitriol, mit Tabaklauge. Alles vergeblich. Millionen von Kaffeebäumchen wurden verwüstet. Die letzte Kaffee-Ernte im Jahre 1900 brachte nur noch armselige 7000 Sack.

Viele der ruinierten Pflanzer wanderten aus. Vergeblich beschwor sie James Taylor, ein junger Schotte, seinem

Beispiel zu folgen und es mit Tee zu versuchen. Sie lachten ihn aus.

Doch Taylor war ein zäher Bursche. Jahrelang experimentierte er mit Hybriden aus Kalkutta, die er auf dem Loolecondera Estate im Hochland von Kandy anpflanzte. So wurde er zum Pionier des Teeanbaus auf Ceylon. Seine Pflanzungen brachten so gute Erträge, er erntete einen kräftigen, vollmundigen Tee von so köstlichem Flavour, daß sich plötzlich auch viele andere Pflanzer auf Tee umstellten.

Immer höher wurde der Dschungel gerodet, immer mehr entpuppte sich der Teestrauch als Alpinist, der sich in Höhenlagen von 1100 bis 2000 Metern am wohlsten fühlt. Auf Ceylon findet er guten Humusboden und wasserreiche Fruchtbarkeit in lauem Gartenklima. Selbst die heißesten Monate sind von insularer Milde.

Seit James Taylor die ersten Teepflänzchen setzte, haben sich drei Anbaugebiete entwickelt: Uva im Osten der Insel, Dimbula und Dickoya im Westen und dazwischen als Wetterscheide das Hochland um Nuwara Eliya.

Inzwischen ist Ceylon neben Indien der größte Tee-Exporteur der Welt geworden. Dreißig Prozent seiner Bevölkerung arbeiten in dieser Industrie. Auf mehr als 600 000 acres werden jährlich über 2 Millionen Tonnen

Tee geerntet. Eine gewaltige Menge, wenn man bedenkt, wie ergiebig ein 50-Gramm-Päckchen Tee ist.

Ja, Tee ist heute der Reichtum Ceylons. Pro acre Grundfläche bringt er viermal soviel ein wie Kautschuk und fünfmal soviel wie die Kokosnuß. Mit 60 Prozent Anteil am Export ist er das wertvollste Plantagengut und steht in der Handelsbilanz an erster Stelle. Zusammen mit Indien liefert Ceylon 90 Prozent des schwarzen Tees, den die westliche Welt trinkt.

Das Aroma des Tees ist um so feiner, je höher er in den Bergen wächst. Die Tees der Höhenlagen reifen im Wechselspiel der Monsunwinde, die mit den Gutwetterperioden zusammenfallen. So bringt der Südwestmonsun von Januar bis September Regen im Westen der Insel, während in Uva und den Ostgebieten trockene Winde wehen. Sie erzeugen den besonderen Uva-Charakter des Tees. Während des Nordostmonsuns vom Dezember bis März aber fällt der Regen auf der Ostseite, und das trockene Wetter im Westen bringt den Dimbula- und Dikoya-Tees ihre höchste Qualität. Zwischen diesen beiden größten Anbaugebieten liegt als Wetterscheide das Hochland von Nuwara Eliya. Dort wie in Dimbula wachsen die feinsten Sorten während des Nordostmonsuns.

Nuwara Eliya, von den Singhalesen kurz »Nurelia« genannt, heißt »über den Wolken gelegen.« So weit das Auge blickt, bedeckt der samtgrüne Teppich der Teebüsche die sanften Hügelwellen, die Berghänge und Täler. Die dunkelbelaubten, gedrungenen Sträucher gleichen Buchsbaumbüschen. Dazwischen stehen als Schattenbäume Bergeschen, deren Holz früher auch als Feuerung zum Trocknen der Teeblätter diente.

»Any time is tea-time in Ceylon«, verkünden Maxiplakate bereits am Flughafen von Colombo. Auch in Nuwara Eliya dreht sich alles um Tee. Schon frühmorgens ein Pochen an der Zimmertür des Hotels: »Your morning tea, Sahib!« Ein junger Singhalese, der einen weißen Sarong zur weißen, hochgeknöpften Leinenjacke trägt, serviert lächelnd den herb duftenden Trank. Und dann geht es weiter mit Tee bis zur allerletzten Tasse vor dem Zubettgehen.

Der samtgrüne Teppich der in einer Höhe von 80 cm gehaltenen Teebüsche wird von bunten Farbtupfen belebt: Es sind Tamilen-Frauen in bunten Saris, mit silberbereiften nackten Armen. Pechschwarz glänzen die Haarscheitel aus den weißen Kopftüchern, auf der Stirn brennt das Kastenzeichen der Hindus, der blutrote Punkt Shivas.

Sie ernten den Tee mit der Anmut ihrer Schwestern, die in den Tempeln tanzen. Ihren Händen ist die Kostbarkeit der obersten, behaarten Knospen und der jüngsten Blätter anvertraut. »Two leaves and the bud« — zwei Blättchen und die Blattknospe, der noch nicht aufgerollte Trieb — so lautet die goldene Pflückregel. Sie sind mit ihrer hellgrünen Färbung für die Pflückerin leicht erkennbar.

Der Arbeitstag beginnt für die Frauen um sieben Uhr früh. Sie pflücken im Akkord dreimal drei Stunden täglich. Die Blätter werfen sie über die Schulter in den großen geflochtenen Korb auf dem Rücken. Eine Pflückerin schafft am Tag bis zu 24 Kilo grünes Blatt, das entspricht 6 Kilo fertigem schwarzem Tee.

Die Inder bereiten ihren Tee mit der gleichen Andacht, die sie ihrer Reistafel widmen, die eigentlich eine indonesische Küchenspezialität ist.

Der Tee soll vollkommen sein wie ein Jasmin-Huhn oder ein Enten-Vindalu, schmackhaft wie süße Pullaos. Serviert wird er auf einem großen Tablett (tali) aus Silber oder Messing. Dazu gibt es Berge von Leckereien, Kokosnußküchlein, Nußhäufchen mit Cashewkernen, Acajou-Nüsse, Pagoda und ein poröses Gebäck, das Kroepoek heißt.

Ein Clown schrieb das klassische Buch vom Tee

Drei Dinge auf dieser Welt sind höchst bedauernswert: das Verderben bester Jugend durch falsche Erziehung, das Schänden bester Bilder durch gemeines Angaffen und die Verschwendung besten Tees durch unsachgemäße Behandlung.

Kaiser Hui-tsung (1101–1125 v. Chr.)

Wandernde buddhistische Mönche tragen in China ihr Hab und Gut auf dem Rücken mit sich herum. Dazu gehört auch der Teekessel. Beide Geschlechter haben die Haare kurz geschoren; so schreibt es chinesische Höflichkeit vor, einen unbekannten Besucher zu fragen: »Bist du Mann oder Frau?« Erst dann läßt man sich zu einer Tasse Tee nieder.

Tao Chün, 1938

Hoy Tien Lao heißt der Besitzer eines Speisehauses in Bangkok, berühmt im ganzen Fernen Osten. Die Speisekarte ist ein dickes Buch, auf drei Etagen des Hauses gibt es märchenhafte Dinge zu essen. Auf der vierten gibt es süße chinesische Mädchen — ein Haus irdischen Glückes, in dem man auch himmlischen Tee bekommt.

Hans Domizlaff, 1948

Ob die Götter im Himmel wohl Teetrinker sind? Es ist nicht ganz bewiesen. Auf Erden ist Tee jedenfalls das Getränk, das nach Wasser am meisten getrunken wird.

Neben der Legende vom indischen Königssohn Bodhidharma existiert eine andere, die uns erzählt, daß es ein »Sohn des Himmels« war, der die Wonnen des Teetrinkens entdeckte.

Kaiser Shen-nung, der sehr auf Hygiene bedacht war,

trank stets abgekochtes Wasser. Eines Tages, im Jahre 2690 v. Chr., wehten Zweige von einem Strauch des Palastgartens ins kaiserliche Trinkwasser und färbten es goldbraun. Shen-nung kostete davon, fühlte sich wunderbar belebt, und zu den zahlreichen Schriftzeichen der Chinesen kam noch ein neues hinzu: *tscha*, der Tee.

Chinesische Kinder lieben ihr Märchen von der Porzellanpuppe, der eine gütige Fee Teeblätter hinter die kühle Stirn legte. So bekam sie die sanfteste Seele, ein geheimnisvolles Lächeln und erwachte zu zärtlichem Leben.

Den Legenden folgt ein historisches Dokument: Im Jahre 1780 v. Chr. veröffentlichte Lu-Yün, von Beruf Zirkusclown, sein dreibändiges Werk über den Tee, diesen »Schaum aus flüssiger Jade«. Er hatte es in seiner Freizeit auf Reispapier getuscht. »Tscha-king« wurde ein Bestseller. Wollen wir schnell einen Blick hineinwerfen?

»Die besten Blätter des Tees müssen gefaltet sein wie die ledernen Stiefel der tartarischen Reiter, sich kräuseln wie die Wamme eines mächtigen Büffels, leuchten wie ein vom Zephirhauch bewegter See, einen Duft entfalten wie die aufsteigenden Nebel aus einer einsamen Bergschlucht und saftig sein und weich wie die von feinem Regen erfrischte Erde...«

Man sieht, der Clown Lu-Yün war auch ein Dichter. Er nennt blau die ideale Farbe für Teegeschirr und rät, Tee zu trinken, »wenn es leise regnet... wenn die Kinder in der Schule sind... im Bambushain am Frühlingsabend... bei Vollmond... mit netten Freunden und schönen Liebchen.«

Kaiser, Maler und Philosophen erwiesen im alten China dem Tee ihre Ehrerbietung; am alljährlichen kaiserlichen Wettbewerb um das beste Teegedicht beteiligten sich die berühmtesten Dichter des Reiches.

Damals trank man den Tee geröstet, im Mörser zerstampft und dann mit Salz, Zimt, Zwiebeln, Reis und Milch gekocht. Später wurde er als Pulvertee schaumig geschlagen, wie es bei der japanischen Teezeremonie üblich ist, und schließlich aufgebrüht, so wie wir es heute tun. Der Venezianer und Weltreisende Marco Polo erzählt von einem chinesischen Finanzminister, den man 1285 absetzte, weil er sich erdreistet hatte, die Teesteuer zu erhöhen. Heute würde der Mann einen Orden bekommen.

Vielleicht kennen Sie den unfermentierten Tee schon aus China-Restaurants? Er kommt über die englische Kronkolonie Hongkong und aus Formosa zu uns. In klarem Grün dampft und duftet er in den henkellosen Trinkschälchen. Vielleicht bekommen Sie einen *Hyson* (Blühender Frühling). Oder einen *Mandarin Oolong* (Jasmin Pouchong); das ist eine zarte, liebliche Mischung aus dem Foochow-Distrikt, die nach dem Trocknen mit Jasminblüten versetzt wird. Andere Zusätze wie Orangenblüten oder dergleichen gibt es nicht.

Jeder Tee, den wir heute kaufen können, ist das reine Produkt der Teepflanze. Eine Ausnahme bildet nur der *Earl Grey Tea*. Er wird vor dem Verkauf mit Bergamotteöl bespritzt. So bekommt er einen Duft, den gewisse Käufer lieben.

Keemun und *Kintuck* sind schwarze Teesorten aus Nordchina und Formosa, Rauchtees mit ihrer charakteristischen Eigenart. Auch der großblättrige, starke schwarze *Lapsang souchong* kommt aus Formosa. *Gunpowder* (Schießpulver) nennt man Tee, dessen Blätter zu kleinen Kugeln gerollt wurden und Schrotkörnern ähneln. Zu allen diesen Tees ißt man gern chinesischen Ingwer, kandiert oder mit Schokolade, und Dattelküchlein.

Wo die Queen regiert
Tee — der Gentleman und Romantiker unter den Getränken

Wer den englischen Kaffee getrunken hat, der weiß, warum die Engländer so leidenschaftliche Teetrinker sind.

Pierre Danilos

Eine der schönsten Eigenheiten des englischen Lebens ist das Wochenende auf dem Land. Während man noch tief schläft, wird eine Tasse Tee auf den Nachttisch gestellt, der ein köstliches Aroma verbreitet. Noch in Träume versponnen, beginnt man zu schnuppern. Vom Teeduft geweckt zu werden ist ähnlich schön, wie in einem Blumenhain zu erwachen.

Prinz Carl Anton Rohan

Jüngst war ich bei Baron Alfred de Rothschild zu Gast in seinem Stadtpalais am Seamore Place. Frühmorgens erschien ein livrierter Diener in meinem Schlafzimmer mit einem riesigen Servierwagen und fragte: »Wünschen Sie Tee oder einen frischen Pfirsich, Sir?« Ich wählte Tee, und sofort kam die nächste Frage: »Chinesischen, indischen oder Ceylon, Sir?« Ich nahm indischen, und sofort ging es weiter: »Mit Zitrone, Rahm oder Milch, Sir?« Ich entschied mich für Milch, und nun wurde ich nach der Rinderrasse gefragt: »Jersey, Hereford oder Shorthorn, Sir?« Nie hat mir eine Tasse Tee köstlicher geschmeckt, hier war ich wirklich Seine Majestät, der Gast.

Cecil Rhodes, engl. Premierminister

Nichts Einladenderes gibt es auf der Welt als ein englisches Frühstück. Es ist die angenehmste Stunde des Tages, und man verlängert sie gern. Auf dem Rost lodert die Flamme, das elegante Teegerät steht in zierlicher Ord-

nung auf dem schneeweiß gedeckten Tisch. Die Dame des Hauses bereitet den Tee zwar viel umständlicher, aber auch viel besser als wir. Alles geschieht mit feierlicher Ruhe, die Engländer gern ihren Mahlzeiten geben, denn sie mögen dabei keinen anderen Gedanken aufkommen lassen als den des Genusses.

Johanna Schopenhauer, 1808

Wer in England anständig speisen will, muß dreimal am Tage frühstücken.

W. Somerset Maugham

Für unsere Soldaten ist Tee wichtiger als Munition.

Winston Churchill 1942

Städte haben ihre Schicksale wie Menschen, sie erleben ihre Romane wie wir. London erlebte den Roman des Tees.

Es begann mit einem königlichen Kapitel. Die schöne portugiesische Prinzessin Katharina von Braganza segelte, wohlbehütet von Würdenträgern und Hofdamen, nach England, um dort König Charles II. zu heiraten. Als Hochzeitsgeschenk brachte sie ihm vier Pfund Tee mit. So kostbar war er damals noch.

Doch das änderte sich. Bald pflügten die berühmten Tee-Klipper, diese großartigen Gebirge aus windgeblähten Segeln, die Weltmeere, um die neuen Tee-Ernten in regelrechten Wettrennen möglichst schnell von Asien nach England zu bringen. Der Endspurt, 90 Kilometer die Themse hinauf, wurde jedesmal ein Volksfest; das Derby war nichts dagegen. Die Leute verwetteten ihren letzten Penny, der ihnen dann fehlte, um Tee zu kaufen.

London wurde Zentrum des Teewelthandels, und die englischen Küsten von Cornwall, Dorset und Kent wimmelten von Teeschmugglern. Denn die Ostindische Compagnie diktierte mit ihrem Monopol die Preise, die Teesteuer

war auch gepfeffert, und so besorgten sich gewitzte
Händler die begehrte Ware billig und zollfrei von holländischen Schiffen im Kanal. Schließlich war die Hälfte des
in England getrunkenen Tees Schmuggelware. Und es
wurden phantastische Mengen getrunken.

Damals gab es in London 2000 Kaffeehäuser, aber nun
kam der Tee und schwemmte sie alle hinweg. Und hob die
Moral, jawohl, die Tugendwächter jener Zeit haben es lo-
bend notiert. Die Randalierer aus den Kaffeehäusern und
die Betrunkenen aus den Ginkellern saßen jetzt sittsam in
großen Teegärten beisammen, die es in allen Stadtteilen
gab, einen besonders beliebten auch in Marylebone, wo
Sherlock Holmes später seine berühmte »Detektei« hatte.
Ein Spaßvogel meinte, die Engländer glaubten nur sonn-
tags an Gott und alltags an ihren Tee, und so ist es bis
heute geblieben.

Wer behauptet, London sei eine nüchterne Männerstadt
ohne seidenen Zauber, der müßte damals gelebt haben, als
ganze Rudel bildhübscher, durchaus nicht prüder Tee-
mädchen auf den Adelsgesellschaften und in den Herren-
häusern der Stadt den Tee ausschenkten. Eins dieser *tea-
girls* hieß Emma Harte und war die Tochter eines Huf-

schmieds. Später heiratete sie den Archäologen Sir William Hamilton, und nun wird sie Ihnen schon bekannter vorkommen. Als Lady Hamilton wurde sie eine der reizvollsten Schönheiten ihrer Epoche, von Goethe bewundert, und geliebt vom einäugigen Seehelden Lord Nelson, den sie täglich in ihrer Villa auf dem Vomero in Neapel zur zärtlichen Teestunde empfing, während Sir William am Vesuv Altertümer ausgrub. Denken Sie daran, wenn Sie das nächstemal eine »Seezunge Lady Hamilton« bestellen — oder eine »Ochsenzunge Lord Nelson«.

Übrigens, die englische Küche bekommt immer eine ganz miserable Note. Aber hat sie uns nicht so unsterbliche gastronomische Genüsse beschert wie Cumberland Sauce, Mockturtlesuppe, Schildkrötensuppe Lady Curzon, Irish Stew, Welsh Rarebits (überbackene Käsebrötchen), Seezunge Cecil Rhodes und Schnepfe à la Queen Victoria?

Ach ja, die gute alte Queen! Vierundsechzig Jahre herrschte sie über Old England mit Mutterwitz, Weisheit und bemerkenswerter Fruchtbarkeit, umgeben von ihren neun Kindern. Das hat sie als Backfisch bestimmt nicht geahnt. Ihre Erziehung war damals der Herzogin von Northumberland anvertraut, und diese äußerst sittenstrenge Lady war überzeugt, der Teufel verführe ein junges Mädchen besonders gern zu zwei schweren Sünden: der Lektüre der »Times« und dem Genuß von Tee. Beides verbot sie ihrem Zögling strikt — Sie können sich denken, mit welchem Erfolg. Gleich nach der Krönung 1838 holte die frischgebackene junge Queen einmal tief Atem, und dann verlangte sie die neueste »Times« und eine Tasse Tee. Beides wurde ihr schnellstens gebracht. »Nun weiß ich erst, daß ich wirklich herrsche«, soll sie gesagt haben, und der Tee blieb zeitlebens ihr Lieblingsgetränk — neben Whisky.

Mit der festlichen Premiere der Verdi-Oper »Aida« sollte 1869 der Suezkanal eröffnet werden, und Queen Victoria lächelte zufrieden, denn sie hatte Disraelis Rat befolgt und heimlich alle Suez-Aktien für England aufgekauft.

Nun war der Seeweg nach Indien nur noch eine Spazierfahrt, und immer mehr köstlicher Tee kam alljährlich in die Mincing Lane — dort finden Sie noch heute die Londoner Teebörse und die Lagerhäuser der großen Tee-Importeure.

Victoria soll auch die Sitte des Nachmittagstees eingeführt haben, der im ganzen Empire zelebriert wurde und oft das Abendessen vorwegnahm. Dieser *high tea* ist aber keine Kuchenorgie nach Hausfrauenart. Zum kräftigen süßen Tee mit Milch reicht man leichte und leckere Beigaben, hauchdünne Sandwiches, Kekse, Waffeln, Ingwerbiskuits und den goldgelben Buttertoast mit köstlich herben Jams und Gelees.

Überhaupt bestimmt die *tea-time* des Engländers den Rhythmus des ganzen Tages. Das fängt schon frühmorgens im Bett an, mit der »frühen Tasse«, dem *early morning tea.* Dann folgt das gigantische Frühstück: Auf dem Eßzimmertisch warten neben Tee nahrhafte Portionen Porridge, halbe Grapefruits, Bücklinge, Nieren und Hammelkoteletts vom Grill, *ham and eggs,* Toast, Brötchen und Weißbrot-Sandwiches mit gekochtem Schinken — »Klappstullen« würde ein Berliner sagen. Da kann man getrost aufs Mittagessen verzichten. Probieren Sie das mal als Spätfrühstück am Sonntag: lange schlafen und dann zwei Mahlzeiten zu einer zusammenlegen. Das ist bequem und gesund, die Amerikaner tun's schon längst: Sie ziehen sogar die Namen beider Mahlzeiten zusammen, aus *breakfast* und *lunch* wird *brunch.*

Wenn Sie sich in der City oder im Westend Tee besorgen, kann es Ihnen passieren, daß der Verkäufer Sie höflich fragt, wo Sie wohnen. Nennen Sie ihm dann Vorort und Straße und verraten ihm noch, ob Sie den Tee lieblich oder stark mögen, schlägt er in seinem Heft nach und antwortet: »Dann empfehle ich Ihnen diesen Tee, Madam. Der harmoniert am besten mit Ihrem Geschmack — und Ihrem Leitungswasser.« Englische Tee-Fetischisten nehmen angeblich sogar auf Reisen stets »ihre« Mischung und dazu einen großen Wasservorrat mit. Der Gruselkönig Edgar Wallace tat's jedenfalls: Er überquerte den Kanal niemals ohne seine silberne Teemaschine mit allem Drum und Dran, denn er konnte seine Kriminalromane nicht herunterdiktieren ohne Ströme von Tee.

Der indisch-chinesische Krieg von 1962 war nur eine kurze Episode, für die Londoner Börsianer aber eine höchst aufregende. Die Zukunft der Tee-Provinz Assam hing am seidenen Faden, und die Tee-Aktien purzelten in den Keller. Inzwischen sind die Kurse wieder brav hinaufgeklettert. Doch der Roman des Tees ist für London noch lange nicht zu Ende.

Heute ist das moderne Babylon an der Themse mit seinen 8 Millionen Teeisten viel fröhlicher, toleranter und kosmopolitischer als in den dreißiger Jahren. Moderne Kaffeebars florieren an tausend Ecken, Italiener und Zyprioten hantieren an zischenden Espressomaschinen. Erobert der Kaffee London zurück? Fast scheint es so. Die Jugend, aus Opposition zum Althergebrachten, trägt nicht nur Miniröcke und Christusbärte, sie verlangt auch aus Prinzip ein »anderes« Getränk. Jetzt also den Espresso. Aber — abwarten und Tee trinken! Noch heute streiken in England die Arbeiter, wenn sie ihren Tee nicht regelmäßig und in gewohnter Güte bekommen. Noch schägt Big Ben, Londons Großvateruhr im Turm des Parlaments, die Teestunden. Noch gibt es all die gemütlichen Inns, die Tearooms in altem Mahagoni. Neuerdings haben sich die meisten Konditoreien zugelegt. Mag draußen vor den kleinen viktorianischen Fensterscheiben dünner Regen oder dicker Nebel auf Sie warten, *you enjoy your tea and take it easy* — Sie genießen erst mal Ihren Tee und fühlen sich geborgen zwischen all den süßen Leckereien, den duftigen Bergen von englischen Kuchen, Blätterteig, Kopenhagener Gebäck, *scones, muffins* und *hot cross buns*.

Für Damen von zartem Gefühl

*Diesen Abend war ich bei Goethe zu einem großen Tee.
Die Gesellschaft gefiel mir, es war alles so frei und unge-
zwungen, man stand, man saß, man scherzte, man lachte.
Goethe ging bald zu diesem und zu jenem und schien immer lieber zu hören und seine Gäste reden zu lassen, als
selber viel zu sagen. Frau von Goethe kam oft und
schmiegte sich an ihn und küßte ihn.*

Eckermann, 14. Oktober 1823

*Sie saßen und tranken am Teetisch und sprachen von Lie-
be viel. Die Herren, die waren ästhetisch, die Damen von
zartem Gefühl.*

Heinrich Heine

In den Salons des Biedermeier gehörte der »ästhetische
Tee« zum guten Ton. Die Herren trugen ihre dekorativen
grünen Fräcke und die lila Röhrenhosen wie buntes Gefie-
der. Und die Damen, geschmückt mit modischen Wespen-
taillen, Keulenärmeln und eleganten langen Spitzenhös-
chen, blickten erwartungsvoll in ihre Tassen, wenn einge-
schenkt wurde. Ein Schaumkränzchen auf dem Tee be-
deutete einen Kuß oder Liebesbrief.
Damals heiratete Goethe Christiane Vulpius, seinen
»Bettschatz«, das »unverdorbene Gottesgeschöpf«, die
Mutter seines unehelichen Sohnes August. Da hatten die
Damen der Weimarer Gesellschaft viel zu klatschen. Sie
kochten vor Empörung. Konnte man »diese Person...«
überhaupt einladen?
»Nun«, meinte das fortschrittlich gesinnte Fräulein von
Göchhausen, »wenn Goethe ihr seinen Namen gibt, so
können wir ihr wohl wenigstens eine Tasse Tee geben.«

Auch über Fürst Pückler-Muskau, den Grandseigneur und Bonvivant der Goethezeit, konnte man sich so schön entrüsten. In England hatte er versucht, sich eine reiche Erbin zu angeln, um sein sehr kostspieliges Hobby, die weltberühmten Parkanlagen ins Muskau, zu finanzieren. Deshalb ließ er sich von der Gräfin Pappenheim, seiner geliebten »Schnucke«, vorsorglich scheiden, lebte dann aber weiter vergnüglich mit ihr zusammen. Aus dem geplanten Dreierbund wurde nämlich nichts, denn die reichen Erbinnen bissen nicht an, trotz seines beträchtlichen Charmes, und so brachte der Fürst aus England nichts heim als neue Schulden und seine Begeisterung für die britischen Teesitten.

Heinrich Heine schrieb sein bekanntes Teegedicht in der Stehelyschen Konditorei am Berliner Gendarmenmarkt, dem Treffpunkt der Literaten, wo auch der Romancier und frühere Apotheker Theodor Fontane kennerhaft seinen Tee trank.

Rahel Varnhagen, Goethes »liebevolles Mädchen«, und Henriette Herz, die schönste Frau der Berliner Jahrhundertwende, versammelten Maler, Schauspieler und Diplomaten um sich zum Tee. Manchmal erschien auch Prinz Louis Ferdinand mit seiner Geliebten Pauline Wiesel.

Nur der Maler Adolph Menzel verkroch sich in sein Atelier. »Bin nicht zu Hause«, sagte das Schild, das er ein für allemal an seine Tür heftete. Fanatische Arbeit füllte seinen Tag, auch als er schon die kleine Exzellenz mit dem »Pour le mérite« war und, wie er selbst sagte, »in Lorbeeren bis über die Knöchel watete«. War er beim Essen eingenickt, so nahm er den groben Zimmermanns-Bleistift, um die kalten Speisen und die dickbauchige Teekanne wenigstens noch zu skizzieren.

Der Tee fand auch Eingang in den Berliner Volksjargon. Wer was mit Tee zu tun hatte, war ein »Teefritze«. Wer sich kräftig einen andudelte, war »mächtig im Tee«. Phantasiert ein Heißsporn drauflos, so rät man ihm zur Besänftigung: »Männeken, laß dir 'n Tee kochen!« Wer von seiner Frau oder vom Chef abgekanzelt wird, »kriegt seinen Tee«, und ein unbeholfener, fader, schläfriger Mensch ist ein »Teekessel«.

Ein sächsischer Chronist weiß 1850 zu berichten: »Die auffallende Blässe des Hamburger Frauenzimmers rührt vom eifrigen Teegenuß her, den es stark und heiß liebt.«

Kippte man seinen zu heißen Tee auf die Untertasse, um ihn daraus mit Behagen zu schlürfen, so verstieß man damals an der Elbe keineswegs gegen den guten Ton. Es war auch durchaus schicklich, sein Gebäck in den Tee zu »stippen«.

Die Ostfriesen bekamen den ersten Tee von ihren holländischen Nachbarn, die damals von ihren Grachten aus die Weltmeere beherrschten und das fernöstliche Getränk aus ihren Kolonien einführten. Mit einem tüchtigen Schuß Rum wurde es zum Lieblingsgesöff der knorrigen Fischer zwischen Weser und Ems, am Küstenstreifen von Emden bis Wittmund. Bis heute blieb Teetrinken ein ostfriesisches Charakteristikum, Gegenstand einer besonderen, vererbten Kultur, die liebevoll aufrechterhalten wird.

Die Ostfriesen sind die »Engländer« unter den deutschen Teetrinkern. Der Bundesdeutsche verbraucht jährlich nur 150 Gramm, der Ostfriese dagegen schafft stolze sechs Pfund Tee, Babies und Mummelgreise inbegriffen.

Auch der Spruch »Ostfriesische Gemütlichkeit hält stets ein Täßchen Tee bereit« bekräftigt es: Tägliches Teetrinken ist für Ostfriesen ein ganz unentbehrlicher Genuß. Ohne Tee keine Mahlzeit, kein Besuch, kein Klönschnack unter Nachbarn.

Wie fernöstliche Völker haben auch die Ostfriesen das Ausschenken ihres Nationalgetränkes zur Zeremonie erhoben. Man bekommt nicht einfach ein Täßchen Tee vorgesetzt, sondern »een Kopje mit 'n Kluntje un Room drin«.

In den Fürstlich Waldenburgischen Manufakturen wurde das friesische Teegeschirr hergestellt, aus geriefeltem Porzellan, sehr dünnwandig und mit Röschen bemalt. Die winzigen Tassen ohne Henkel hießen Kopkes. Auch die königlich Dresdner Manufaktur, besonders ihre Dependance in Wunstorf, lieferte dieses dünnwandige Porzellan, das noch heute einen Ehrenplatz in der Wohnung hat.

Mit viel Sammlerglück findet man vielleicht auch noch ein herrliches Service aus chinesischem Porzellan mit ostfriesischen Familienwappen. Reiche Kaufleute und die Gutsherren auf dem Lande gaben den Emder Kapitänen, die nach China fuhren, ein Bild ihres Wappens mit. Dort wurde dann das Service in Auftrag gegeben und bei der nächsten Chinareise abgeholt und nach Ostfriesland mitgenommen.

Wenn draußen die Nordsee gegen die Warften tobte, saß in den uralten Friesensiedlungen alles am Torffeuer der Wohnküche beisammen. Kein Blick streifte die Wanduhr mit buntgemalten Seejungfrauen, den »Seewiefkes«. Man hatte ja Zeit, unendlich viel Zeit. Man trank Tee, immerzu Tee, so wie man ihn noch heute genießt:

In die Tasse kommt zuerst ein großes Stück (Kluntje) Kandis. Das knistert gemütlich, wenn Heike, Imke oder Okka ihren Mannsleuten, dem Nanno, Habbo oder Heiko, den heißen Tee darüber gießen. Während sich die Kanne auf dem Messing-Stövchen wärmt, greift Imke zum runden Löffel mit gebogenem Stiel und schöpft süße Sahne von der Milch. Dieses »Wulkje Room« legt sie dann behutsam auf den Tee, ohne umzurühren, denn er soll vielschichtig schmecken. Nanno sitzt derweil besinnlich im Lehnstuhl und trinkt in kleinen Schlucken. Jedesmal wenigstens drei Tassen, das gilt seit jeher als »Ostfriesenrecht«. Der Kandis löst sich nur langsam auf. War das »Kluntje« groß genug, so reicht es für die ganze Teestunde, doch ein neues »Wulkje Room« kommt bei jedem Nachgießen obendrauf.

Die Grundlage der echten ostfriesischen Teemischungen sind kräftige indische Assams, abgerundet mit Tee aus Java und blumigen, hochgewachsenen Sorten aus Darjeeling und Ceylon. Was außerhalb Ostfrieslands als »ostfriesi-sche« Mischung abgepackt und angeboten wird, entspricht meist nicht diesem originalen Ostfriesentee.

Übrigens haben Statistiker herausgefunden, daß die mei-sten deutschen Hundertjährigen in Ostfriesland leben. Daß dieser Umstand etwas mit ihrer Teeliebe zu tun hat, laß ich mir nicht ausreden.

Die falschen Indianer von Boston
Heiße Liebe zum Eistee

Kellner, falls dies Kaffee ist, bringen Sie mir lieber Tee; falls dies aber Tee ist, bringen Sie mir lieber Kaffee.

Abraham Lincoln

Ich würde noch immer Tee trinken, wenn mich nicht der französische Botschafter bei meiner zwölften Tasse darauf aufmerksam gemacht hätte, daß ich meinen Löffel quer darüber legen müsse, sobald ich genug habe.

Prinz de Broglie, 1782

Die Chronik berichtet noch von einem anderen, mit den damaligen amerikanischen Sitten nicht vertrauten Europäer. Der wußte bei einem Besuch in Philadelphia das pausenlose Nachschenken von Tee nur dadurch zu bremsen, daß er seine Tasse einfach in die Tasche steckte.

Wie der Tee nach Amerika gekommen war? Die Holländer hatten ihn importiert, so um 1650. New York hieß damals noch Neu Amsterdam. Später gab es in der Chatham Street eine Teewasserquelle, aus der man Süßwasser pumpte und durch die Straßen fuhr. Der Kutscher schwang seine Glocke und rief: »*Come and get your tea-water!*« Dann öffneten sich alle Türen, und Wirte wie Hausfrauen versorgten sich mit Wasser für ihren Tee. Der war damals noch grüner Chinatee, und man würzte ihn mit Safran, Iriswurzeln und Gardeniablüten.

Heute sind die Yankees zwar große Kaffeetrinker, aber auch mit dem Tee immer noch auf du. Ihm verdanken sie schließlich ihre Existenz — politisch gesehen. Ohne Tee gäb's keine USA. Wie das kam? Nun, die Vorfahren der heutigen Amerikaner waren inzwischen Untertanen des Königs von England geworden. Und was taten die edlen

Lords im Londoner Parlament, als sie wieder mal knapp
bei Kasse waren? Sie brummten den Importwaren für die
Kronkolonie kräftige Verbrauchersteuern auf. Das wurmte die tapferen, aber auch dickschädligen Siedler am Hud-
son gewaltig. Wütend boykottierten sie jahrelang alle britischen Waren so erfolgreich, daß König Georg III.
schließlich klein beigeben mußte und die Steuern rückgän-
gig machte. Nur die Teesteuer blieb.
Was dann geschah, ist Weltgeschichte geworden: An einem Dezembertag 1773 enterten fünfzig als aufsässige Indianer kostümierte Bürger drei soeben eingelaufene englische Teeschiffe und warfen die ganze Ladung über Bord.
Mit diesen 342 Teekisten, die im Schlamm des Bostoner
Hafens versanken, begann der amerikanische Unabhän-
gigkeitskrieg, und in der Schlacht von Lexington errangen
die Freiheitstruppen unter Washington und dem preußi-
schen General Steuben dann den entscheidenden Sieg über
die Engländer. Washington war übrigens ein ebenso begei-
sterter Teetrinker wie Benjamin Franklin, der Erfinder
des Blitzableiters, und die Präsidenten Lincoln, Roosevelt,
Hoover und Kennedy.

Eines Tages kam der New Yorker Tee-Importeur Sullivan auf die Idee, seine Teemuster in kleinen Seidentüten herumzuschicken. Jedes Tütchen enthielt gerade genug Tee für eine Tasse zum Probieren.

Die Sache gefiel sofort, und der praktische Tee-Aufgußbeutel setzte sich durch.

Heute füllen und verpacken Maschinen in aller Welt täglich viele Millionen Teebeutel, obwohl diese Beutelchen teurer sind als Tee in Päckchenform.

Einem ähnlichen Zufall verdankt auch der Eistee seine Erfindung. Im Jahre 1904 schickte man den Engländer Richard Blechynden nach St. Louis. Das Publikum der Weltausstellung sollte einmal schwarzen Tee aus Indien kosten, denn immer noch tranken die Yankees viel grünen Chinatee. Der Sommer im Mittelwesten war unerträglich heiß, und Blechynden raufte sich die Haare.

Verflucht, wie sollte er all diese schwitzenden Leute dazu bringen, seinen heißen Tee zu probieren? Sie lachten nur und rissen Witze über ihn. Wütend füllte er schließlich Eiswürfel in Trinkgläser und goß seinen Tee darüber. Nun prügelten sich die Leute plötzlich, um an seinen Stand zu gelangen und ein Glas Eistee zu erwischen. Ein neuer amerikanischer Drink war geboren und entwickelte sich schnell zum sommerlichen Nationalgetränk.

Falls Sie einmal nach NewYork kommen: Ganz nahe beim verführerischen Einkaufszentrum von Manhatten, zwischen der Fifth Avenue und der Madison Avenue, gibt es eine Teezentrale, den *Tea Council*. An einer hübschen Bar wird Ihnen dort vormittags und nachmittags kostenlos eine Tasse sehr guten Tees serviert.

Rund um den Samowar

Wenn du ein gutes Weib hast, einen Borschtsch und einen kräftigen Tee, kannst du mit deinem Leben zufrieden sein.

Kaukasisches Sprichwort

...beim teegefüllten Glase, am Zucker knabbernd in Ekstase...

Puschkin

Noch heute ist die alte russische Eßkultur aus der internationalen Gastronomie nicht wegzudenken: tausendjährige Gaumenfreuden, voran die herrlichen Vorspeisen *(sakuski)*: Kaviar Beluga und Malossol, geräucherter Stör, kalter Lachs und heiße Pastetchen. Und dann der berühmte Borschtsch, die gehaltreiche Kohlsuppe mit dickem, saurem Rahm drauf. Dazu trinkt man diverse Wodka, Subrowka, Perzowka und andere »Wässerchen«, ohne die einem Russen das Leben erst gar nicht lebenswert erscheint. Noch mehr als Wodka trinken aber auch die Russen Tee.

Ein Mongolenfürst ließ dem Zaren im Jahre 1638 als Geschenk 200 Packen Tee überreichen. Damit fing es an. Als der Tee dann auf dem Seeweg nach Europa kam, trafen zur gleichen Zeit auch die ersten Tee-Karawanen in Rußland ein. Haben Sie schon mal von Ziegel- oder Würfeltee gehört? Das ist dieser für den Transport auf Kamelrücken in Würfel oder Ziegelform gepreßte Tee. Wie nun der »englische Tee« nichts anderes ist als nach England importierter Tee aus Indien und Ceylon, so war »russischer Tee« auch nichts anderes als der nach Rußland eingeführte Chinatee, der von dort aus in andere Länder weiterverkauft wurde.

Vielleicht verdankte dieser »Karawanentee« seinen

Rauchgeschmack dem Umstand, daß er nicht monatelang in stinkigen Schiffsräumen lagern mußte? Oder den zahllosen Lagerfeuern, an denen die Kamele auf ihrem endlosen Fußmarsch auf der »Teestraße« von Peking durch die Wüste Gobi, über verschneite Pässe, gefrorene Sümpfe und glühende Steppen, quer durch Sibirien bis an den Baikal-See und die Wolga rasten mußten?

Viel später, von 1870 bis zum Ersten Weltkrieg, wurde dann Hamburg der wichtigste Transithafen für das gesamte Chinageschäft mit St. Petersburg, Moskau, Odessa sowie den Ostseeländern und osteuropäischen Randstaaten. Damals wurde nur grüner Chinatee importiert. Die Wiege dieses Teehandels war Chinas Exporthafen Futschou.

Als Napoleon besiegt war und Zar Alexander in seiner schmucken grünen Uniform 1814 an der Spitze der verbündeten Heere in Paris einzog, brachte er riesige Mengen Tee mit. Die Soldaten halb Europas kampierten damals auf den Champs Elysées, und die Russen glänzten in wilden Kosakentänzen. Auch die Engländer tanzten — allerdings viel gemäßigter. Jedenfalls wurde das Teetrinken »à la Russe« und »à l'Anglaise« plötzlich ganz große Mode. Aber so recht mit dem Herzen waren die Franzosen doch nicht dabei, und sie sind genau wie die Italiener bis heute Kaffeetrinker geblieben.

Rußland hat jetzt eigene Teeplantagen am Schwarzen Meer im subtropischen Klima Westgrusiniens hinter den Höhenzügen des Kaukasus. Der Sage nach lag dort im Altertum das Reich Kolchis, dessen Reichtümer Seefahrer aller Länder anlockten, auch die Argonauten auf der Suche nach dem Goldenen Vlies.

In Moskau und Taschkent, in Murmansk und Wladiwostock trinkt man diesen grusinischen Tee, schwarz und grün, von früh bis spät. Er wird natürlich staatlich angebaut, auf großen Plantagen. Die Teebüsche stehen wie Soldaten in Reih und Glied und werden maschinell abgeerntet. Pflückmaschinen fahren die Reihen entlang, über

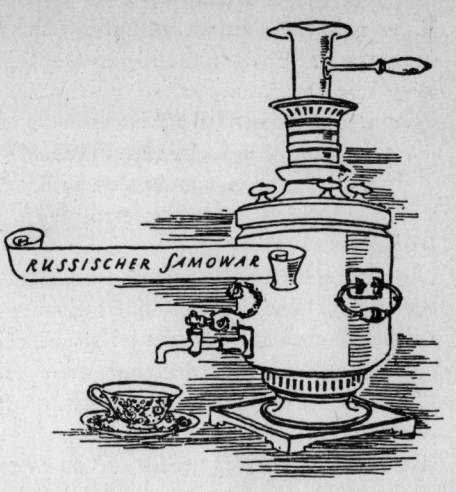

RUSSISCHER SAMOWAR

die Köpfe der Büsche hinweg, wie zum Beispiel auf der großen Ingirsky-Musterfarm bei Zugdidi in Georgien. Da hier die geübten behutsamen Hände fehlen, die nur die jüngsten, zarten Blätter ernten, fehlt natürlich die Qualität. Deshalb importiert Rußland noch heute große Mengen Tee aus »befreundeten« Ländern. In Indien tritt es oft als größter Käufer von Qualitätssorten aus Darjeeling auf und bestimmt dadurch nicht selten den Auktionspreis dieser Tees.

Wer einmal ostwärts fährt, wird auf russischen Bahnhöfen noch immer den Kipjatok sehen, den großen Wasserbehälter. Für eine Kopeke kann sich jeder Reisende dort heißes Wasser für seinen Tee holen. Denn eine Bahnfahrt quer durch Rußland, das kann eine Expedition von sehr vielen Tagen und Nächten werden, das hält niemand aus ohne Ströme von heißem Tee.

Da sitzen dann im Waggon die Väterchen und Mütterchen in Grüppchen zusammen und trinken reihum. Aus den Taschen haben sie ihren in Papierchen eingewickelten Tee hervorgeholt, dicke Gläser und ein paar Zuckerstükke, zurechtgeschnitten vom gelblichen Hutzucker, der härter und ungebleicht ist. Dieser Zucker ist ein Teil der russischen Teesitte, in Stadt und Dorf, in Bahn und Flugzeug.

Nimm, Brüderchen! Beiß ein Stück vom harten Zucker ab, halt es im Mund, und dann laß den Tee daran vorbeilaufen. Der Zucker rundet den heißen, bitteren Schluck mit Süße ab, du schmeckst es deutlich und schlürfst mit Behagen.

Oder bist du zum Tee eingeladen? Dann wird die Gastgeberin eine kleine Schüssel mit Eingemachtem vor dich hinstellen. Tschai-Marmeladen: Kirschen, Erdbeeren, Himbeeren, Quitten oder Johannisbeeren. Du nimmst einen Löffel voll von der süßen Konfitüre in den Mund und dazu trinkst du wieder den bitteren, kräftigen Tee. Dein Glas wird immer neu gefüllt, bis du es umgestülpt auf den Tisch stellst und damit anzeigst, daß du genug hast. Die Sitte, den Tee aus hohen Gläsern mit Metallfuß zu trinken, stammt aus Rußland.

In jedem Haushalt strahlt wie eh und je der dickbauchige Samowar aus Messing oder Kupfer Gemütlichkeit und Gastlichkeit aus, in übervölkerten Städten und der Unendlichkeit russischer Steppen und Wälder, wo Väterchen Frost regiert und in verborgenen, verlorenen Dörfern die Zeit stillsteht. Die Holzkohle im Samowar glüht, das Wasser summt, und obendrauf gluckt wie eine Henne der Tscheinik, der kleine Kessel mit Tee-Extrakt. Daraus gießt man in sein Glas und füllt mit heißem Wasser auf.

Neben dem Samowar steht Piroshnyje (Kleingebäck), wie Fruchtbrot, Mandelringe, Zuckerrubel und Katharina-Biskuits. Babas sind kleine Kuchen, die in Becherförmchen gebacken und mit Vanillesirup, heißem Rumsirup, Kirsch oder Arrak durchtränkt werden.

Beim summenden Samowar sollte man Kurzgeschichten von Tschechow lesen oder Puschkin, der auch ein Teetrinker aus Leidenschaft war. Noch blutjung und bartlos, hatte er als Dichter schon viel Erfolg und wurde in der Moskauer Gesellschaft herumgereicht. Auf einem Ball stellte er sich einer bildschönen Aristokratin vor und bat höflich um den nächsten Tanz.

Die junge Dame musterte ihn sehr von oben herab. »Mit einem Kind tanze ich nicht«, erwiderte sie taktlos. Worauf sich Puschkin noch artiger verbeugte und schlagfertig erwiderte: »Pardon, Gräfin, ich wußte nicht, daß Sie ein Kind erwarten.«

Vom grünen Blatt zur goldenen Labsal
Schon die Namen sind wie Poesie — doch was bedeuten sie?

Wer nichts mehr hat, hat wenigstens Tee.

Chinesisches Sprichwort

Und nun wollen wir gemeinsam Tee einkaufen. Erschrekken Sie bitte nicht gleich über die vielen Namen und Sorten, die im ersten Augenblick auf Sie einstürmen. Es ist ganz einfach. Man unterscheidet die Sorten nach ihrer Herkunft: *Darjeeling* ist ein wundervoll milder und doch vollmundiger Hochlandtee, zart und duftig im Aroma, leicht zu erkennen an seiner hellen, goldgelben Farbe in der Tasse. *Assam* ist bedeutend kräftiger, nachtdunkel und würzig, *Ceylon* herb und rassig, stark aromatisch. *Nilgiri* aus Südindien ähnelt geschmacklich dem Ceylontee. Als guter Mischtee wäre noch der starke *Java* zu nennen, verwandt dem *Assam*.

Diese Herkunftssorten unterteilt der Fachmann nun nach Blattgröße und Reihenfolge der Blätter am Trieb des Teestrauches in Qualitätsklassen: *Flowery Orange Pekoe, Pekoe* und *Souchong*.

Besteht ein Tee aus vielen hellen Spitzenblättern, so ist er besonders »tippy«, also besonders fein. Deshalb sind *Flowery Orange Pekoes* die teuersten Tees. Das Wort »Orange« hat nichts mit Orangen (Apfelsinen) zu tun. Es stammt aus dem Holländischen, wird hergeleitet vom Königshaus Oranien und bedeutet »königlich«. »Pekoe« heißt auf chinesisch »weißer Flaum« und bezeichnet die jungen, noch zart behaarten Blätter.

Alle diese Tees können Sie als Blatt-Tee (ganze Blätter) oder als Broken-Tee (gebrochene, zerkleinerte Blätter) kaufen. Broken-Tee zieht rascher und ist ergiebiger. Auf die Qualität des Tees hat dies aber keinen Einfluß. Heute werden immer mehr die ergiebigeren Broken-Tees oder sogar Fannings, das sind noch feiner zerbrochene Blätter, verkauft.

Daneben gibt es viele Möglichkeiten, Teesorten verschiedener Herkunft zu mischen, und solche Mischungen können Sie fertig kaufen. Später, wenn Sie sich erst durch vielerlei Sorten und Mischungen durchgetrunken haben, werden Sie Ihren eigenen Tee mischen und Ihren Freunden »nach Art des Hauses« servieren. Für den Anfang aber rate ich Ihnen, sich an die bekannten guten Marken zu halten. Ich wette, Sie werden bald Spaß daran bekommen, wirklich etwas vom Tee zu verstehen, und zum Schluß entdecken Sie dann Ihre Lieblingsmischung und bleiben dabei.

Und wie steht's mit den Tee-Aufgußbeuteln? Fast alle Gaststätten servieren heute, wenn Sie einen Tee bestellen, diese Beutel, die an einem Faden in der Kanne oder im Glas hängen und ihren »heißen Wasserguß« schon bekommen haben. Fatal ist, daß Sie nie kontrollieren können, wann das geschah, wie lange der Tee also schon gezogen hat, wenn er serviert wird. Was ist nun drin in diesen Beuteln, die auch für moderne, eilige Hausfrauen sehr praktisch sind? Abfall oder schlechte Qualitäten, wie Gerüchte behaupten? Nein! Gute Markenbeutel enthalten teilweise beste Teesorten, allerdings keinen Blatt-Tee, sondern Broken oder Fannings.

Die Liebe
des ehrenwerten Tschung-Hun-Wing

»Ich muß dir leider den Kopf abschlagen lassen, mein lieber Tschung-Hun-Wing«, sagte der letzte Kaiser der Ming-Dynastie zu seinem Leibarzt. »Ich bin zwar von deiner Unschuld überzeugt, doch die Richter haben dich verurteilt, und ich muß die Gesetze achten. Aber ich will dir eine letzte Chance geben. Der Großmandarin soll dir ein heiliges Koro-Gefäß hinhalten. Darin wird ein Seidentüchlein mit dem eingestickten Zeichen des Todes liegen und ein anderes mit dem Zeichen des Lebens. Ziehst du das letztere, so bist du begnadigt; ziehst du das erste, so wirst du geköpft, mein lieber Tschung-Hun-Wing.«

Der gelehrte Arzt verneigte sich tief. Dann setzte er sich nachdenklich neben eine Säule im Vorhof des Palastes. Er war ein Opfer der Hof-Intrigen geworden. Es hatte damit begonnen, daß er Sumi, die zarte Frau des Generals Wei-Pung-Tschi, als Patientin bekam.

Sumis Wiege hatte auf der Insel Nippon gestanden. Ihre Haut war durchsichtig wie der helle Himmel von Awaju, ihr Blick strahlte wie der Frühlingsmond, die Lippen lächelten wie Pflaumenblüten, und wie bunte Schmetterlinge entflatterten ihnen die Worte. Aus ihrer Stimme hatte Tschung-Hun-Wing den ewigen Nachtigallenton der Liebe vernommen. Unter seinen ohnmächtigen Händen war sie gestorben, wie ein fallendes Blatt im Nachtwind.

Sofort hatten die Neider geflüstert: »Tschung-Hun-Wing hat sie umgebracht, die kleine Frau des Wei-Pung-Tschi, um sich an dem General zu rächen!« Ein Sondergericht entschied: »Tschung-Hun-Wing muß sterben!«

An all das dachte der unglückliche Arzt, als er hinter der Säule im Vorhof des Palastes saß. Plötzlich vernahm er leise Schritte und erkannte die Stimmen des Generals Wei-Pung-Tschi und des Großmandarins.

»Wenn der Elende nun das Seidentüchlein mit dem Zeichen des Lebens zieht?« sagte der Großmandarin. »Dann war all unsere Mühe, den Günstling des Kaisers loszuwerden, vergeblich.«

»Er wird sterben«, antwortete der General. »Die Sache ist höchst einfach, großer Mandarin. Du legst in das Koro-Gefäß zwei Seidentüchlein, und auf beiden ist das Zeichen des Todes eingestickt. Welches Tuch der Dummkopf auch zieht, er wählt den Tod.«

Der Arzt hinter der Säule sank in sich zusammen. Nun war sein Schicksal besiegelt. Denn falls er dem Kaiser alles erzählte, würden seine Feinde entrüstet leugnen und ihn erst recht hinrichten, wegen Verleumdung hoher Würdenträger.

Tschung-Hun-Wing ging in sein Studierzimmer. Es war die Stunde des Tees, und er verstand sich meisterhaft auf die Kunst, den Göttertrank so zu bereiten, daß seine edelsten Eigenschaften geweckt wurden. Die besten Einfälle, die schwierigsten Lösungen der mannigfachen Probleme seiner Heilkunst verdankte er dem anregenden, belebenden Trank. Vielleicht fand der gute Geist des Tees auch diesmal einen Ausweg? Tschung-Hun-Wing leerte mit wachsendem Behagen eine Tasse nach der anderen und dachte tief nach... Am nächsten Morgen trat der Großmandarin auf den Verurteilten zu und reichte ihm mit scheinheiligem Ernst das heilige Gefäß. Tschung-Hun-Wing entnahm ihm ein Seidentüchlein... und verschluckte es vor den Augen aller Anwesenden. So mußte das zweite Tüchlein im Gefäß geprüft werden.

Da es das Zeichen des Todes trug, so konnte Tschung-Hun-Wing nur das Tuch mit dem Zeichen des Lebens gewählt haben, das ihn laut Befehl des Kaisers begnadigte.

Der kluge Mandarin

»Ich will mir heute einen gehörigen Rausch antrinken«, sagte der chinesische Kaiser Hui-tsung zum höchsten Würdenträger seines Hofes. »Von dir erzählt man sich, daß du allerhand verträgst. Deshalb möchte ich, daß du mit mir zechst.«

Der Mandarin erschrak. Bisher war der Kaiser passionierter Teetrinker gewesen. Alljährlich veranstaltete er literarische Wettbewerbe, die all die zauberhaften Eigenschaften des Göttertrankes gebührend rühmten: blumige Teegedichte, mit zarten Pinseln auf Reispapier getuscht. Er, der Mandarin, war erst kürzlich wieder vom Kaiser für besondere Verdienste mit seltenen Teerezepten belohnt worden. Und der Kaiser selbst hatte eine gelehrte Abhandlung über zwanzig Teearten verfaßt, worin er den weißen Tee als den feinsten rühmte.

»Was ist?« fragte Hui-tsung und lächelte. »Hast du etwa Angst, ich könnte dich unter den Tisch trinken? Geh, ruf meinen Mundschenk! Er soll Reiswein bringen und besonders starken Pflaumenwein. Und dann wollen wir tüchtig loslegen.«

Es dauerte nicht lange, da war es der Kaiser, der betrunken unter den Tisch sank und in tiefen Schlaf fiel. Der Mandarin aber war nüchtern geblieben und ging zu General Wang, dem Befehlshaber der Palastwache.

»Lieber Wang, leg mich in Ketten«, bat er. »Und dann wirf mich ins Gefängnis, als habe der Kaiser es so befohlen.«

»Ich bin Euch gern gefällig, großer Mandarin«, antwortete Wang, »obwohl ich nicht weiß, was das soll. Es ist leicht, ins Gefängnis zu gehen, aber schwer, wieder herauszukommen.«

Der Mandarin nahm Wang beiseite und flüsterte ihm zu,

was geschehen war. »Wenn der Kaiser am Wein Gefallen findet«, schloß er, »so könnte er leicht zum Gewohnheitstrinker werden. Das wäre ein Unheil für ganz China. Wir müssen also erreichen, daß der Kaiser wieder Tee trinkt. Tu, worum ich dich bat, und überlasse alles weitere mir.«

Als Hui-tsung aus seinem Rausch erwachte, wunderte er sich, daß niemand um ihn war. Er rief Wang, der sofort gelaufen kam und sich vor ihm niederwarf.

»Wo ist denn mein getreuer Mandarin?« fragte Hui-tsung.

»Dort, wo alle Übeltäter hingehören«, antwortete der General. »Im Gefängnis.«

»Davon weiß ich ja gar nichts«, meinte der Kaiser verwundert. »Nehmen die Intrigen an meinem Hof kein Ende? Hör zu, Wang. Wer dir auch hinter meinem Rükken diesen hinterlistigen Befehl gegeben haben mag — du wirst ihn sofort ergreifen lassen und ihm den Kopf abschlagen!«

Der General zitterte vor der Ungnade seines Herrn, doch er faßte sich ein Herz und antwortete: »Ihr selbst, Majestät, habt den Befehl gegeben, ihn in den finstersten Kerker zu werfen. Dort erwartet er jetzt den Tod.«

»Bring ihn sofort hierher!«

Der Mandarin wurde hereingeführt, mit schweren Ketten gefesselt.

»Was hast du Schlimmes getan?« fragte der Kaiser stirnrunzelnd.

»Ich bin mir keines Verbrechens bewußt und weiß nicht, warum ich das Unglück hatte, Eurer Majestät zu mißfallen«, antwortete der Mandarin und verneigte sich tief. »Ich weiß nur, daß ich auf Euren Befehl hingerichtet werden soll.«

Hui-tsung blieb in tiefem Nachdenken sitzen. Wie konnte ich nur diesen blödsinnigen Befehl geben, dachte er, welcher böse Geist hat mich beschwatzt, daß ich ausgerechnet den tüchtigsten und treuesten meiner Minister zum Tode

verurteilte? Es muß passiert sein, als der Wein mich be-
rauschte. Das war der böse Geist. Und er gab Wang einen
Wink, dem Mandarin sofort die Ketten abzunehmen.

Seitdem stand wieder die Teekanne aus kostbarem Eierschalen-Porzellan von früh bis spät auf dem Tisch des
Kaisers, und Hui-tsung hütete sich zeitlebens vor einem
neuen Rausch.

Edler Tee
und die Rezeptur seiner Zubereitung

Männer sind wie Tee: vorübergehend muß man sie ziehen lassen.

Französ. Sprichwort

Valerie brachte Steinbock eigenhändig eine Tasse Tee. Das war mehr als eine Auszeichnung, das war eine Gunst! In der Art, wie eine Frau dieser Hausfrauenpflicht nachkommt, liegt eine ganze Welt, und die Frauen wissen das sehr wohl. Daher ist es auch ein interessantes Studium, dabei ihre Bewegungen, ihre Gesten, ihre Blicke, ihre Sprache zu beobachten.

Von der in kaltem Tone ausgesprochenen Frage: »Nehmen Sie Tee?« »Wünschen Sie Tee?« »Eine Tasse Tee?« bis zu dem gewaltigen Gedicht der vom Teetisch kommenden Odaliske, die dem Pascha ihres Herzens mit unterwürfiger Miene und zärtlich zitternder Stimme, mit Blicken voll wollüstiger Versprechungen eine Tasse Tee anbietet — aus dieser Skala der Nuancen im Benehmen könnte ein geschickter Psychologe alle Empfindungen des Weibes herausanalysieren, vom Widerwillen und der Gleichgültigkeit bis hin zu den Gefühlen der dem Hippolyt ihre Liebe erklärenden Phädra.

Die Frauen können sich dabei ganz nach ihrem Willen geben: geringschätzig bis zur Beleidigung oder demütig bis ins Sklavenhafte des Orients.

Balzac: »Tante Lisbeth«

Es ist eine alte Binsenwahrheit, daß heiße Getränke den Durst besser löschen als kalte. Weltmeister im Durstlöschen aber ist heißer schwarzer Tee.

Der honigfarbene, lieblich duftende See einer gefüllten Teetasse, seine süßmilde Bitternis, erfrischt und gibt neuen

Schwung. Denn Tee ist nicht nur ein blumig-zartes Getränk für ältere Damen. Er kann auch einem an stärkeres Gebräu gewöhnten Männergaumen munden, kann duftig oder deftig sein, je nach Sorte und Dosierung.

Die richtige Zubereitung ist das A und O des Teetrinkens. Hier folgen 5 Grundregeln, die man beherzigen sollte, um stets einen guten Tee zu bekommen:

1. Tee will in einer heißen Kanne zubereitet werden. In dieses Aufgußgefäß sollte, genau wie in die Servierkanne, niemals etwas anderes als nur Tee hineinkommen. Nehmen Sie auch zum Ausspülen nur klares warmes Wasser, niemals Seife oder Spülmittel! Die Patina, die sich allmählich ansetzt, kann drin bleiben, sie fördert eher den Geschmack als daß sie ihn stört, und zeugt nicht etwa von Unsauberkeit, sondern beweist nur, daß Sie etwas vom Tee verstehen.

2. Tee muß kräftig sein. Tee und eine geizige Fingerspitze passen nicht zusammen. Nehmen Sie einen gestrichenen Teelöffel voll pro Tasse oder einen Tee-Aufgußbeutel. Halten Sie sich aber nicht sklavisch an diese Menge, Ihr Geschmack sollte da entscheiden. Auf keinen Fall darf der Tee eine dünne, fade Brühe werden.

3. Tee muß belebend duften. Nehmen Sie nur frisches, reines Leitungswasser. Bringen Sie es kurz zum Aufkochen und gießen Sie es noch sprudelnd über den Tee. Wenn es schon eine Viertelstunde brodelnd gedampft hat, während Sie sich vielleicht nicht vom Telefon trennen konnten, ist es totgekocht und für Ihren Tee unbrauchbar.

Ist Ihr Leitungswasser zu hart oder zu stark gechlort, dann lassen Sie es zweimal kurz aufwallen. Manche Feinschmecker kochen notfalls Selterswasser ab, um einen wirklich guten Tee zu bekommen.

FÜR JEDE TASSE

1 TEELÖFFEL TEE

4. Tee muß aromatisch sein. Also nach dem Aufgießen vier, allerhöchstens fünf Minuten ziehen lassen. Bei allzu kurzem Ziehen gibt der Tee zwar seinen Anteil an belebendem Tein ab, doch die Blätter können sich noch nicht voll entfalten und das Aroma bleibt flau. Zieht der Tee dagegen zu lange, so laugen die Blätter aus und Ihr Aufguß wird bitter schmecken.

Als Grundsatz kann gelten: Viel Tee kürzer ziehen lassen, verstärkt die belebende Wirkung; weniger Tee länger ziehen lassen, verstärkt die beruhigende Wirkung.

Niemals sollten Sie die bereits aufgebrühten Teeblätter nochmals verwenden.

5. Nun gießen Sie den Tee in die vorgewärmte Servierkanne ab. Eine praktische Teesiebkanne erspart das Umgießen, Sie nehmen dann einfach das Einsatzsieb mit den Teeblättern heraus, sobald der Tee genug gezogen hat.

Sollten Sie etwa noch aus Omas Küche ein Tee-Ei aus Metall oder Porzellan benutzen, so beschwöre ich Sie: Werfen Sie es aus dem Fenster; und wenn es unten krachend zerspringt, können Sie aufatmen. In so einem Tee-Ei steckt nämlich der beste Tee in einer Zwangsjacke, unmöglich kann er seine ganze belebende Kraft und sein köstliches Aroma entfalten.

Ein mit Sorgfalt zubereiteter Tee edelster Herkunft und Mischung schmeckt mir pur, also ohne jeden Zusatz, am allerbesten. Doch vielleicht lieben Sie Ihren Tee mit Milch, Sahne, Zucker, weißem Kandis oder Zitrone? Das ist schließlich eine Frage persönlichen Geschmacks. Kräftige Güsse von Arrak oder Rum verändern das Aroma des Tees allerdings völlig.

Und noch etwas: Tee ist kostbar, aber nicht kostspielig. Mit Tee können Sie sehr sparsam wirtschaften und Ihren Gästen doch jederzeit einen willkommenen Genuß bieten. Eine Tasse Tee bester Sorte kostet nämlich, richtig zubereitet, nur fünf Pfennige.

Erwähnt sei auch, daß es heute ganz gute Tee-Mixgetränke auf Instant-Basis gibt. Es handelt sich da um Mischungen aus Instant-Tee, Zucker, Orangen und Zitronen, die besonders als sommerliche Kaltgetränke beliebt sind. Diese Instant-Tees werden schon in Ceylon vom grünen Blatt produziert und schmecken deshalb bedeutend frischer als der frühere Instant-Tee, der aus dem fertigen Produkt »schwarzer Tee« hergestellt wird.

Die Kunst des Kostens, die Kunst des Mischens

Küssen — das ist, als ob man Tee aus einem Sieb trinken sollte: man bekommt niemals genug davon.

Chinesisches Sprichwort

Laß kommen was mag — ich trinke Tee.

König Gustav VI. von Schweden

Sie wissen nun, daß Tee nicht gleich Tee ist und daß Ihr Einkauf fast nie aus einem einzigen Teegarten stammt, sondern eine aus vielen Sorten kunstvoll komponierte Mischung ist.

Die großen europäischen Tee-Importeure kaufen auf Auktionen, die wöchentlich in Kalkutta, Colombo, Cochin und in der Mincing Lane in London stattfinden. In den Büros der großen Auktionsbroker, auf den Plantagen und bei den Importeuren und Packerfirmen begegnet man den berühmten Teekostern.

Das sind außerordentliche, sehr wichtige Herren mit Spitzengehältern und den feinen Zungen und Gaumen französischer Meisterköche. Von früh bis spät schlürfen sie Teeproben, prüfen mit Zunge, Nase und Auge, prüfen auf Farbe, Duft, Klarheit, Geschmack. Und picken dann mit an Hexerei grenzender Sicherheit die besten heraus.

Mit geschlossenen Augen können sie jede Teesorte »erschmecken«. Und es gibt immerhin fünf verschiedene Grundsorten mit je zwanzig Abarten. Erfahrene Teekoster unterscheiden bis zu 1500 Mischungen.

Geruch und Geschmack der subtilen Teeblätter fallen bei jeder Ernte etwas anders aus. Aber die großen Firmen, die ihre Mischungen als Markenartikel verkaufen, legen natürlich größten Wert darauf, daß ihre Tees trotz wech-

selnder Ernten immer dieselben Geschmacksrichtungen behalten. Vom Urteil ihrer »Zungensachverständigen« hängt also Wohl und Wehe des Unternehmens ab, und oft geht es da um Millionen.

Schon das Aussehen der Teeblätter verrät dem Koster viel: Wie ist die Blattstruktur? Die Färbung? Der Gehalt an Tips? Dann prüft die Nase: Welches Aroma (flavour) hat der Tee? Haben sich fremde Gerüche eingeschlichen und das Aroma beeinflußt?

Jetzt wird der Tee aufgegossen: Für jede Probe wiegt man genau die gleiche Menge auf der Apothekerwaage ab. In der einen Schale der Waage liegt meistens ein »sixpence«, und die zum Kosten bestimmte Menge Tee entspricht dem Gewicht dieser winzigen englischen Münze. In kleinen Porzellantöpfen läßt man die aufgebrühten Tees genau fünf Minuten ziehen und gießt sie dann in henkellose Probierschalen ab.

Die nun schon leicht abgekühlten Tees, die alle Schattierungen von Goldgelb bis zum wärmsten Rotbraun zeigen, werden nochmals beschnüffelt und schließlich schlürfend eingesogen.

Kraft und Geschmack der »Tasse« und des »Körpers«

werden mit allen Varianten notiert. Wie der Weinprüfer spuckt auch der Teekoster die Probe danach aus. Nur Zunge und Gaumen sollten sich ihr Urteil bilden. Bei über 250 Proben tagtäglich würde auch der robusteste Magen schließlich rebellieren.

Sie glauben, nun sei die Arbeit getan? Oh, jetzt fängt sie erst an. Nach dem Kosten kommt das Blenden, das kunstvolle Mischen. Manche Mischungen, die Sie kaufen, bestehen aus nicht weniger als zehn bis zwanzig Sorten.

Dabei wird auch das Wasser in den künftigen Verkaufsgebieten berücksichtigt. Gewiß haben Sie schon bemerkt, wie sehr verschieden Wasser schmecken kann. Mal ist es hart, mal weich, mal hat es einen natürlichen Eisengehalt, dann wieder zuviel Kalk, es kann stark gechlort sein oder andere unangenehme Stoffe wie Rost oder Schwebeteilchen enthalten. Auch schwach saures oder alkalisches Wasser hat Nachteile für den Teegenuß.

Tees mit feinem Aroma leiden sehr unter diesen unerwünschten »Zutaten« im Wasser, während kräftige Tees mit wenig Flavour und »dicker Tasse« auch in hartem Wasser gut herauskommen.

Das Wasser ist also eine heikle Sache. Kein anderes Getränk ist in seiner Qualität so abhängig von der Beschaffenheit des Wassers. Deshalb kann Tee in Bremen oder Berlin ganz anders schmecken als in London, Paris, New York oder München. Den höchsten Härtegrad hat das Wasser in Würzburg mit 60, den geringsten in Zweibrücken mit nur 1 Grad. Hamburg hat 11 bis 14, Stuttgart bis 29,7 Grad.

Für Teefreunde, welche die Nachteile örtlicher Wasserverhältnisse nicht mehr in Kauf nehmen wollen, wurde ein Wasser-Filter (Ionen-Austauscher mit Aktivkohle) entwickelt, der Wasser entkarbonisiert und von störenden Mineralien wie Eisen und Mangan befreit. (Nicht von allen Mineralien, so wäre destilliertes Wasser zum Beispiel für die Teezubereitung ungeeignet.) Durch einen Zusatz von Aktivkohle im Filter wird das Wasser zugleich entchlort. Die Verwendung des Wasserfilters empfiehlt sich bei Härtegraden ab 8 und 10.

Schwarzer Tee kommt heute in den Lagerräumen moderner Seefrachter mit Klimaanlage zu uns, im Jet-Zeitalter auch oft in Düsenklippern, verpackt in würfelförmigen Kisten aus dreifach geleimtem Sperrholz, die innen mit Aluminiumfolie ausgeschlagen und an den Außenkanten mit Metallstreifen verstärkt sind.

Bei Transport und Lagerung wird peinlich darauf geachtet, daß dem Tee Feuchtigkeit und die Nachbarschaft stark riechender anderer Waren erspart bleibt. Sein feines, empfindliches Aroma könnte sonst leiden.

Das sollten Sie auch beherzigen, wenn Sie Ihren Tee in Küche und Speisekammer aufbewahren. Stets in luftdicht verschlossener Büchse und möglichst fern von Kaffee, Kakao, Gewürzen und stark duftenden Lebensmitteln wie Käse und dergleichen. Tee ist etwas Zartes, Wundervolles an Duft und Aroma. Behandeln Sie ihn gut, dann wird er Ihnen die kleine Sorgfalt bestimmt lohnen.

Tannin? Chlorophyll? Thein? Kalorien? Vitamine?
Was sagen die Ärzte zum Tee?

Einer der wichtigsten Vorzüge des Tees ist es, Betrunkene wieder nüchtern zu machen. Auch reinigt er das Gehirn. Die Chinesen, die so viel Tee trinken, spucken und schneuzen sich nie; ihr Gehirn ist von den Überflüssigkeiten befreit, die den Sitz des Verstandes arg beschweren.

P. P. Dufour, 1648

Schwarzer Tee ist zweifellos ein sehr gesundes Getränk. Als er auf den Schiffen der Ostindienfahrer zum erstenmal nach Europa kam, gab's erst einmal ein heftiges Für und Wider. Damals war Medizin gleichbedeutend mit Magie, und die pillendrehenden Apotheker genossen den zwielichtigen Ruf von Alchimisten. In ihren Pharmazien begann der Tee seine Karriere als bittere Arznei in trauter Nachbarschaft von Liebesträuken, getrockneten Kreuzottern, Drogen und Giften.

Sehr behutsam ging man nicht mit ihm um. In China wurde er in Stoffballen auf die Windjammer verladen, und dort lag er monatelang in muffigen, von Leckwasser modrigen, von Ratten bevölkerten und penetrant nach Teer und Abfällen riechenden Schiffsräumen. Vielleicht schmeckte er oft wirklich nach »Heu und Mist«, wie sich die Markgräfin Liselotte von der Pfalz ausdrückte. In einem alchimistischen Buch von 1633 fand ich ein Rezept, das mit geheimnisvollem Abrakadabra erklärte, wie das Frauenzimmer »Wartzen im Angesicht mit Sicherheit kann vertreiben, so es eine Teesalbe am Galgenplatz bei Vollmond fleißig rühret und davon auf die Wartzen häufet«. Auch im alten China gab es schon eine Teesalbe gegen Rheuma.

Nun begannen europäische Magister, den Tee überschwänglich zu loben. Allen voran der durch Rembrandt berühmte Holländer Nicolaus Tulp. Und sein Kollege Bontekoe, der Leibarzt des Großen Kurfürsten, riet seinen Zeitgenossen dringend, sich täglich dreißig *koppkes* (Schälchen) Tee einzuverleiben. Auch Zimmermann, der Leibarzt Friedrich des Großen, rühmte den Tee. Und da ist die verbürgte Geschichte, die zur Zeit der ersten Tee-importe in Schweden passierte. Dort kam dem König zu Ohren, der Tee sei ein gefährliches Gift. Das will ich mal ausprobieren, dachte er und verurteilte einen Raub-mörder zum »Tod durch Tee«! Tagtäglich verabreichte man dem Verbrecher eine »tödliche« Dosis von siebzig Tassen. Doch dem Mörder ging es immer besser, er wurde 82 Jahre alt, und in den letzten zwölf Jahren konnten ihn die Ärzte nicht mehr beobachten, denn sie waren vor ihm gestorben.

Und was sagen die Mediziner heute zum Tee? Was ist ei-gentlich darin? Warum wirkt er so anregend und bele-bend?

Teeblätter sind praktisch kochsalzfrei und bringen keine Kalorien. Dafür enthalten sie Vitamin C und das Nerven-vitamin B_1. Außerdem Chlorophyll, das die Bildung roter Blutkörperchen fördert und für die Sauerstoffversorgung unseres Körpers wichtig ist. Und schließlich Fluor, das dem Zahnverfall vorbeugt. Das Thein im Tee entspricht als Alkaloid dem Koffein. Im Kaffee wirkt es übers Herz vor allem auf den Kreislauf, im Tee dagegen auf Gehirn und Zentralnervensystem. Darum fehlt dem Tee die auf-putschende Wirkung. Er regt an, aber nicht auf. Seine be-lebende Wirkung setzt später ein als beim Kaffee, hält da-für aber länger an. Den ätherischen Ölen verdankt er das köstliche Aroma und die belebende Wirkung. Im Gegen-satz zu vielen anderen Genußmitteln ist Tee auch in gro-ßen Mengen nicht schädlich. Manche Wissenschaftler mei-nen sogar, daß die Grenze der Unbedenklichkeit bei 35 Tassen täglich liege.

In der Medizin wird ungesüßter schwarzer Tee heute

bei Magenverstimmungen, Nahrungsmittelvergiftungen, Brechdurchfällen und in manchen Fällen auch nach Operationen gern verordnet. Auch bei anderen Diätvorschriften und für Schlankheitskuren ist Tee ein beliebter Helfer: Wenn andere Getränke verpönt sind, ist schwarzer Tee ohne Milch und Zucker erlaubt. Tee beruhigt die Magennerven, deshalb greifen starke Raucher gern zu einer guten Tasse Tee.

Zum Schluß unseres kleinen medizinischen Kollegs noch ein nützlicher Hinweis: Leiden Sie unter Schlaflosigkeit? Oder sind Magen und Darm empfindlich? Dann müssen Sie durchaus nicht auf Ihren Tee verzichten. Sie können die Wirkung des Thein und der Gerbstoffe nämlich steuern und selbst bestimmen. In den ersten zwei Minuten des Ziehens gibt der Tee fast sein ganzes Thein ab, die Gerbstoffe dagegen werden den Blättern erst in den nächsten Minuten entzogen. Also: bei Schlaflosigkeit weniger Tee nehmen und länger ziehen lassen, bei Neigung zu Verstopfung mehr Tee, dafür aber kürzer ziehen lassen.

Mit Tee kann man köstlich punschen
Wie kam der Seebär zum Grog?

Und ist auch noch so dünn der Tee, und tut dir irgendwo was weh — Rum, Rum, dann sind gleich alle Schmerzen stumm.

Theodor Fontane

Wenn verspätete Blätter mit den ersten Schneeflocken durcheinander rieseln, wenn die Nebel steigen, die Nase tropft und der Husten bellt, tut man gern etwas für die innere Wärme. Dafür gibt es köstliche Tee-Mixturen, deren geheimnisvoller Duft in den dickwandigen, dampfenden Gläsern allein schon ein Gefühl von Wärme und Geborgensein vermittelt. Mag der Wind heulen und die ganze Welt abscheulich sein — wir wollen uns einen zünftigen Seelenwärmer brauen, einen Punsch, der seinen Namen verdient.

Das Wort »Punsch« ist indischen Ursprungs, kommt aus dem Sanskrit und bedeutet »fünf«. Also fünf klassische Zutaten sind nötig: Rum, Cognac oder Arrak, Zucker, Zitrone und Tee. Rum war das Bordgetränk der alten Windjammer, die als Viermaster die Weltmeere pflügten. Rum machte das rauhe Leben auf See und die miserable Verpflegung aus madigem Pökelfleisch, steinhartem Zwieback, Erbsmus und ranzigem Speck überhaupt erst bekömmlich. Und das faulige Wasser wurde nur durch Tee genießbar. Die Disziplin auf diesen Seelenverkäufern war verteufelt hart, und in der britischen Marine waren über tausend Peitschen in flottem Gebrauch. Doch auch der brutalste Kapitän, der sein Schiffsvolk regelmäßig durchprügeln ließ, mußte ihm laut Dienstvorschrift ebenso regelmäßig zweimal täglich einen Viertelliter Rum pro Nase ausschenken.

Das wurmte Edward Vernon, der mit seiner Flotte in den

westindischen Gewässern kreuzte und es bis zum Admiral brachte. Er haßte betrunkene Sailors. Warum? Nun, kippen Sie mal einen Viertelliter Rum hinunter, und versuchen Sie dann, bei schwerer Dünung in schwindelnder Höhe im Takelwerk herumzuturnen und Segel zu reffen. An einem höllisch heißen Augusttag des Jahres 1740 erließ der Admiral den Befehl: Ab sofort wird dem Viertelliter Rum heißes Wasser beigemischt und ein Klümpchen Hutzucker dazugetan. Das müssen die »Schurken« schluckweise trinken, um sich nicht den Schlund zu verbrennen, und so sind sie nicht gleich auf Anhieb besoffen!

Anfangs murrten die Schurken, doch bald kamen sie auf den Geschmack und tauften das neue Gesöff »Grog«. Old Grog war nämlich der Spitzname ihres Admirals, der immer in Hosen aus *grogram* (Grobkorn) herumstolzierte. Aus diesem Wort entstand also die Kurzform »Grog« als Bezeichnung für eine Hose, einen Admiral und das neue Heißgetränk. Wer zuviel davon trinkt, wird groggy.

Bowle mit Variationen

Ich geriet in ein sehr lustiges Leben hinein, in jenes fröhlich bewegte Leben am Rhein, wo man zu Bekanntschaften gelangt, man weiß nicht wie, in gesellige Kreise heiter erregter Menschen, und wo man hilft, fröhliche Bowlen zu leeren, von denen man nicht weiß, wer eigentlich bewirtet.

Emanuel Geibel

Eines Tages pfeifen es die Spatzen von den Dächern, singen es die Drosseln im Gebüsch: Frühlingsanfang! Dann folgt der Sommer, die Zeit des Picknicks.

Das Picknick wurde von den Pyknikern erfunden, einer liebenswerten Sorte Mensch. Beim Picknick wird zuerst gepickt und dann genickt. Der Picknick-Koffer enthält wohldosiert alles, was zum Picken an Festem und Flüssigem, Bekömmlichem und Gepfeffertem wünschenswert ist.

Das Feste klemmt man zwischen Weißbrotschnitten, so entsteht ein Sandwich. Man kann ganze Menüs zwischen Weißbrot klemmen. Ein Sandwich wird ohne Besteck aus der Hand gegessen. Aus einer Hand, denn die zweite ist anderweitig beschäftigt; wer einmal mitgepickt hat, weiß Bescheid.

Zum Beispiel macht die zweite Hand Jagd auf eine Ameise, die im Hosenbein oder an der Strumpfnaht immer höher krabbelt. Da eine zweite Ameise aber im Hemdkragen oder Kleidausschnitt immer tiefer krabbelt, sind zum Picken eigentlich pro Teilnehmer drei Hände erforderlich.

Da ist es dann gut, eine Thermosflasche mit Zitronentee oder Eis-Tee bereit zu haben, um erhitzte Gemüter abzukühlen. Das anschließende Nickerchen gelingt am besten im Rhythmus wiegender Zweige, die urweltlich rauschen.

Auch eine fröhliche Bowle an einem lauen Abend im Garten, auf dem Balkon, am weit geöffneten Fenster gehört zu den reinsten Sommerfreuden. Cocktails sind heute ziemlich passé, Punsch und Bowle aber haben jeden Zeitenwandel und alle Moden überdauert. Die Bowle ist so alt wie der Wein. Schon die alten Ägypter, Griechen und Römer liebten Weine, die nach Veilchen oder Rosenblättern dufteten. Und Apicius gibt in seinem achtbändigen Kochbuch eine Anweisung zum Brauen eines »gar lieblichen, köstlich mundenden Würzweins« — also ein Bowlenrezept.

Die romantische Bowle, an der sich unsere Großeltern ergötzten, ist durch Zusammenpanschen von verzuckertem Bowlenwein mit Schnaps und Likören als elende Katermixtur sehr in Verruf gekommen. Also um Gottes willen nie kurzerhand eine Flasche Weinbrand in die Bowle kippen, »damit die Mädchen schneller in Stimmung kommen«. Die Folgen können fürchterlich sein. Eine Bowle soll nicht betrunken machen, sondern fröhlich, sie muß anregend, duftig und spritzig sein, keine übersüße Limonade, von der man einen Brummschädel bekommt. Auch allzu süße Bowlen bekommen schlecht, und das Kühlen ist wichtig: Eine laue Bowle erfrischt nicht, eine eiskalte entwickelt zuwenig Aroma. Wenn Sie für Ihre Gäste eine erfrischende Tee-Bowle zubereiten wollen: bitte mit Fingerspitzengefühl und genau nach Rezept.

Rund um die Teekanne

Hoffnung ist wie Zucker im Tee: auch wenn sie klein ist, versüßt sie alles.

Chinesisches Sprichwort

Auf der Suche nach der guten alten Zeit finden wir bei Trödlern und auf den Rummelmärkten der Welt Großmutters Hausrat von anno dazumal, rührend in seiner altmütterlichen Behäbigkeit. All diese alten Teegeschirre und Küchengeräte strahlen jene Gemütlichkeit aus, die damals offenbar überall zu Hause war, in Holland wie in England, in Deutschland und der Schweiz. Eine versunkene Welt der Behaglichkeit, wo der Teekessel summte und das Pfeifchen qualmte.

Schon 2000 Jahre vor Christus hatten die Chinesen ihre Yih-sing-Teetöpfe aus unglasiertem roten Ton und seit 900 nach Christus ihr weißes Eierschalen-Porzellan. Die Japaner bekamen mit dem Tee auch gleich das Porzellan der Sung-Periode aus China, und die Teetische unserer Großmütter schmückte das Satsuma-Teegeschirr der Koreaner. Die Holländer wollten die geschäftstüchtigen Chinesen in Europa gern aus dem Geschäft boxen, und so imitierten »Teetopfbäcker« in Delft chinesisches Porzellan und brannten chinesische Teekannen aus rotem Ton. Um 1770 begann dann in der englischen Tonlandschaft Staffordshire der Siegeszug der farbig bedruckten Teegeschirre aus Hartsteingut. Berühmt wurde das kobaltblaue Dekor mit Jagdszenen, Chinoiserien, Städteansichten und italienischen Landschaften, in der Zeichnung rührend kindlich, doch nie kitschig. Ganz Europa wurde damit überschwemmt. Heute ist Teegeschirr in frühem »Staffordshire-Blue« etwas für Feinschmecker unter den Sammlern und entsprechend teuer. Männer trinken ja ihren Tee gern aus großen Tassen. Dieser Neigung können sie mit englischem Staffordshire frönen. Deutschland erlebte 1730–50 seine erste »braune Zeit«: Das beliebte »Braunporzellan« war aber nichts anderes als glasierter Ton mit feiner Goldbemalung. Die Manufakturen in Bayreuth und Ansbach schufen dünnwandiges Teegeschirr aus gelbglasierter, silbernbemalter Keramik. Die Bunzlauer Teekannen mit ihren kugeligen Bäuchen wurden weit über das heimatliche Schlesien hinaus bekannt, und die Süddeutschen hatten ihre schwarz oder farbig bedruckte »Schramberger Ware«. Die Russen fabrizierten Teekannen in Petersburg und in einer Manufaktur, die der Engländer Francis Gardner 1765 in Werbilki bei Moskau gegründet hatte. Ich stöberte lange nach einem alten roten Wedgwood-Teeservice. Raten Sie, wo ich es fand. Nicht in London in der Petticoat Lane, sondern in der Bude eines Tandlers auf der Münchner Dult zwischen Bierkrügen und pausbäckigen Barockengeln.

Auch bei Trödlern der Häfen, neben den Kaschemmen, sammelt sich vielerlei pittoreskes Strandgut aus fernen Ländern: Aus der bauchigen Barttasse hat vielleicht der Käpt'n seinen Tee mit Rum geschlürft, und die bunte Zukkerdose zierte den Teetisch der Reedersgattin.

Heiratet in England ein junges Paar, so sind die Gäste nie um Hochzeitsgeschenke verlegen: ein rustikales Teegeschirr, Teesiebe aus englischem Silber, und natürlich *caddies*, die formschönen, luftdicht verschließbaren Teebüchsen aus Porzellan, oder zart bemalte japanische Lackdosen. Dazu ein *teacosy* (Teewärmer).

Sehr praktisch sind Teesiebkannen aus modernem, feuerfestem Porzellan für 3 bis 6 Tassen, nachgebildet den japanischen Teesiebkannen aus unglasiertem Ton. Der Siebeinsatz ist herausnehmbar, und ein praktischer Ablegeteller für das Sieb ist mit dabei. Geben Sie für je zwei Tassen mindestens einen Teelöffel Teeblätter in das Porzellansieb der vorgewärmten Kanne. Dann kochendes Wasser sprudelnd darübergießen, Deckel drauf und vier bis fünf

Minuten ziehen lassen. Danach das Prozellansieb einfach herausnehmen und auf den Ablegeteller stellen. Das zeitraubende Umgießen des Tees von der Aufbrühkanne in die Servierkanne bleibt Ihnen so erspart.

Gegen alles ist ein Kraut gewachsen

Alle Wiesen und Matten, alle Berge und Hügel sind Apotheken.

Paracelsus, 1530

Das könnte Paracelus, der Naturphilosoph, dem der Sinn des Arzttums die helfende Liebe war, noch heute behaupten.

In Gärten und Wiesen, an Zäunen und neben Campingplätzen duftet es hundertfach würzig und herb. Die braven Kräutertees unserer Großmütter haben vielerlei Wehwehchen gelindert und geheilt und tun es immer noch, wenn sie mit Kenntnis ihrer Wirkung angewendet werden. Denn sie wirken sehr verschieden, und nicht alle sind so harmlos, wie sie sich geben. Fieberkranke trinken ihren Kräutertee kalt, Erkältete heiß, und ungesüßt ist er am wirkungsvollsten.

Die meisten dieser Wald- und Wiesentees haben sich pompöse lateinische Namen zugelegt: die Ringelblume kommt als »calendula officinalis« daher, der Huflattich möchte »tussilago farfara« genannt werden, hinter »rubus fructicosus« verbirgt sich unsere gute dicke Brombeere, und wenn Sie »mentha piperita« aufbrühen, haben Sie Pfefferminztee.

Was die Wurzelsepps und Kräuterapostel seit eh und je in ihren Rucksäcken heimbrachten, wird noch immer unterm Dach der Bauernhäuser und Heidekaten in Bündeln zum Trocknen aufgehängt: Kamille, Löwenzahn, Rittersporn, Malve, Zinnkraut, Baldrian, Hagebutte, Herzblümlein und Salbei — der ganze Gottessegen der Kräuter.

Die gebräuchlichsten und beliebtesten dieser Kräutertees bekommt man heute in den praktischen Aufgußbeuteln oder in Pulverform. Sie wirken sehr verschieden. Am bekanntesten sind Pfefferminze oder die Mischungen aus Hagebutten oder Malve und Hibiskus. Diese fertig in Tee-Aufgußbeuteln oder in Gläsern angebotenen Tees können auch im Sommer eine willkommene, eiskalte Erfrischung sein.

In Südamerika lebt noch ein entfernter Verwandter, der von allen Eingeborenen von früh bis spät geschlürft wird und der Leib- und Magentrunk der Gauchos in den Pampas wurde. Es ist Mate, auch Herva, Yerva, Caa, Paraguaytee oder Congonha genannt. Mate ist der einzige »Kräuter«-Tee, der außer dem echten grünen und schwarzen Tee das anregende Koffein enthält, allerdings in geringerer Menge. Er wird aus verschiedenen in Südamerika heimischen Schwesterarten der Stechpalme hergestellt.

Mit Zucker, Zimt und Mandelstern

Es ist schwer, einer Geliebten einen Pfefferkuchen zu schenken, weil man ihn oft kurz vorher selbst verzehrt.

Jean Paul

Schön war's auf dem Christkindlmarkt. Wir haben Zwetschgenmännlein mitgebracht und süße Damen aus buntem Zuckerguß. In den Fenstern leuchteten Adventskerzen, wir klopfen uns den glitzernden Schnee vom Mantel und schnuppern: Aus der mollig warmen Küche duftet es verlockend durchs ganze Haus nach Honigkuchen und Zimtsternen, Safranzöpfen und Rosinenklöben. Die Gewürze dafür stammen aus aller Herren Länder: Kardamom für die Lebkuchen aus Indien und Sumatra, Anis vom Mittelmeer, Ingwer aus Jamaika, Zimt aus Ceylon, und Vanille ist die Fruchtschote einer mexikanischen Kletterorchidee. Nicht zu vergessen unseren Zucker, der mehr als nur Gewürz und längst nicht mehr exotisch ist. Wissen Sie, daß ein Teelöffel Zucker je nach Größe 12 bis 16 Kalorien hat? Ja? Dann wissen Sie mehr als viele Hausfrauen, die auf 50 bis 100 Kalorien pro Teelöffel tippen.
So füllen sich die Teller mit hundert leckeren Sachen zum Knabbern und Knuspern. Eine ganze süße Gesellschaft marschiert da auf: Florentiner und Grazer, Genueser und Schlosserbuben, Indianer, Brasilianer und »betrunkene Jungfern«.
Die Schwyzer laben sich jetzt an Zürcher Leckerli und Äpfelbrötli, die Norweger an Julkake, die Italiener haben ihr Panettone und die Holländer ein offenbar nicht ganz ungefährliches Gebäck, das sie Hijlikmaker (Heiratsvermittler) nennen. Im Rheinland gibt's Spekulatius und Aa-

chener Printen, im Schwabeländle Hutzelbrot, Kipferln, Zimtsterne, Springerle, Albertle und Bärentätzle. Die Ostpreußen backen Thorner Katharinchen, die Sachsen ihre Dresdner Christstollen, die Schlesier Mohnstriezel und Liegnitzer Bomben, und die Hessinnen lieben Frankfurter Bethmännche. Die Bayern laben sich an Guatln, Lebzeltln und Kletzenbrot, die Badener an alemannischen Schenkeli. Und was bevorzugen Sie? Freiburger Bobbele? Nürnberger Busserl oder Witwenküsse? Oder wollen wir eine Teevisite im Norden machen, der als kalt und fischnasig verschrien ist? Wer das sagt, kennt ihn nicht zur Weihnachtszeit: Bremer Klaben, Lübecker Marzipan, Hamburger braune Kuchen, gefüllte »Berliner«, oldenburgische Butterbögen, ostfriesischer Heidesand und Knüppelkuchen — das alles schmeckt köstlich mit einer guten Tasse Tee.

Wußten Sie, daß die süße Kunst der Weihnachtsbäckerei aus dem Orient zu uns kam? Haben Sie noch uralte Rezeptzettel von Großmama, von Tante Lella oder Hortense in der Schublade, die alle Jahre wieder hervorgeholt werden? Dafür müßten Sie sich bei jenen Kreuzrittern bedanken, die damals im Land von Tausendundeiner Nacht herumreisten und nicht nur Gewürze, arabische Zuchtpferde und seidene Schleiergewänder einkauften, sondern auch Backrezepte ins Gebetbuch und auf ihre unbezahlten Rechnungen kritzelten. Das kostete nichts und konnte ihnen zu Hause süßen Dank einbringen.

Wenn dann die Weihnachtsgans verzehrt und der Neujahrskarpfen eingekauft ist, wird es wieder höchste Zeit für edle Vorsätze und große Entschlüsse.

Hier ein kleiner Rezept-Vorschlag fürs neue Jahr:

Man nehme 12 Monate, putze sie sauber von Bitterkeit, Geiz, Pedanterie und Neid und zerlege jeden Monat in 30 oder 31 Teile, so daß der Vorrat genau für ein Jahr reicht. Jeder Tag wird dann einzeln angerichtet aus einem Teil Arbeit und zwei Teilen Frohsinn und Humor. Man füge drei gehäufte Eßlöffel Optimismus hinzu, einen Teelöffel

Toleranz, ein Körnchen Ironie und eine Prise Takt. Dann wird die ganze Masse sehr reichlich mit Liebe übergossen.

Das fertige Gericht schmücke man mit Sträußchen kleiner Aufmerksamkeiten und serviere es täglich mit Heiterkeit — und mit einer guten, erquickenden Tasse Tee ...

Kleines ABC vom Tee

Auktionen: Regelmäßige Auktionen finden in den meisten Ursprungsländern statt. In Calcutta für nordindische Tees, in Cochin für südindische Tees, in Colombo für Ceylon-Tees, in Djakarta für indonesische Sorten, in Nairobi für ostafrikanische Tees. Die europäischen Auktionsplätze sind London, Amsterdam und Antwerpen.

Autumnal Teas / Herbsttees: Indische und Formosa-Tees, die im kühlen Wetter gewachsen sind und sich durch ein spezifisches Flavour auszeichnen.

Bakey / gebacken: Ein Tee, dessen Aroma an den Duft frisch gebackenen Brotes erinnert.

Basket-fired: Japan-Tee, der in Körben über dem Feuer geröstet wird.

Black Tea / Schwarzer Tee: Sammelbezeichnung für jeden Tee, der vor dem Trocknen (Rösten) fermentiert worden ist.

Blend / Mischung: Kunstvolle Zusammenstellung verschiedenartiger Teesorten.

Broken: Ein Tee, der durch Rollen oder Schneiden im Cutter zerkleinert wird.

Canton: Parfümierter China Oolong-Tee.

Chest / Kiste: Originalverpackung des Tees aus Sperrholz mit Blechkanten und Folien-Einlage.

Clean / sauber: Ein Tee ohne Holz, Fasern und Staub, gut sortiert, nur Blattgut des gleichen Grades, in der Tasse frei von jedem Beigeschmack.

Cochin: Auktions- und Handelsplatz für südindische Tees.

Crop / Ernte: Ertrag einer Anbaufläche.

Cutter: Teeschneider oder -brecher, worin fertige Tees der Blattsorten zu Broken zerkleinert werden.

Dull / stumpf: Ein Tee, dessen »Tasse« nicht klar und leuchtend ist. Auch Geschmacksbezeichnung.

Dust: Zu kleinen Partikelchen zerriebene Teeblätter, also feinste Aussiebung. Sehr ergiebig und besonders für Teeaufgußbeutel geeignet.

Earl Grey: Handelsmarke eines schwarzen Tees, meist aus China, der durch Besprühen mit Bergamotte-Öl stark parfümiert wird.

Earthy: Tee mit erdigem Geschmack.

Fannings: Kleine körnige Partikelchen des Tees, die aus guten Gradierungen abgesiebt werden. Meist sehr koffeinhaltig, besonders ergiebig und daher für die Herstellung von Teeaufgußbeuteln geeignet.

Fermentation: Nach dem Rollen wird das Blattgut in einem kühlen, feuchten Raum dünn ausgebreitet und dem Sauerstoff der Luft ausgesetzt. Durch Oxidieren wandelt sich die grünliche Farbe der Teeblätter in ein Kupferrot. Zellen, Säfte und ihre aromatischen Stoffe werden weiter aufgeschlossen. Dabei wird ein Teil des im Blattgut enthaltenen Koffeins zerstört. Deshalb enthalten schwarze, fermentierte Tees weniger Koffein als grüne, unfermentierte.

Flavour: Das in der Branche oft gebrauchte Wort für den Duft eines guten Tees, der am besten feststellbar ist, wenn man kurz nach Abgießen des Tee-Probierkännchens »die Nase in den Topf steckt«.

Fluff: Dicker, haariger Staub auf den schwarzen Teeblättern, der sich beim Mischen oder Sieben löst.

Flush: Der neue Trieb eines Teestrauches mit einem kompletten Satz Blätter.

Gunpowder / Schießpulver: Tee, dessen Blätter zu kleinen, dem Flintenschrot ähnelnden Kugeln gerollt wurden. Solche Tees, hauptsächlich aus China, werden oft mit ätherischen Ölen künstlich aromatisiert, wie der Earl Grey.

Härte: Die Härte des Wassers ergibt sich aus dem Gehalt

an Kalk (1 Grad = 10 mg Kalziumoxyd in 1 Liter Wasser). Je höher der Kalkgehalt, desto ungeeigneter ist das Wasser für die Teebereitung, wobei besonders Tees mit feinem Flavour betroffen sind, während kräftige Tees mit dicker ›Tasse‹ und geringem Aroma auch in hartem Wasser gut herauskommen. Hier die Härtegrade des Leitungswassers einiger Städte: Hamburg 11–14 Grad, Düsseldorf bis 16 Grad, München bis 15 Grad, Nürnberg bis 11 Grad, Stuttgart 29,7 Grad. Den niedrigsten Wert in Deutschland hat Zweibrücken mit 1 Grad, den höchsten Würzburg mit nahezu 60 Grad.

Highgrown: Hochgewachsene Tees, speziell aus Ceylon, mit ausgeprägtem Flavour.

Jasmine: Ein zarter, nach dem Trocknen mit Jasminblüten versetzter Tee aus dem Foochow-Distrikt in China.

Kandis: Kenner bevorzugen weißen Kandis zum Süßen.

Lapsong-Souchong: Schwarzer, großblättriger China-Tee.

Lowgrown: Niedriggewachsener Tee. Infolge des Wachstums in tiefer gelegenen Teegärten fehlt dem Blatt das feine Aroma.

Regentees: Tees, die während der Regenzeit im Anbaugebiet gepflückt werden. In Indien gehören dazu die Darjeeling-Tees von September bis November, die Assam-Tees von Mitte September bis Dezember, die Dooars-Tees von September bis Dezember, die Terai-Tees von September bis Januar und südindische Tees von Juni bis August.

Tasse: Im Teehandel übliche Bezeichnung für den Aufguß des Tees und seine geschmackliche Qualität.

Tea Taster: Teeprüfer auf den Plantagen, in den Büros der großen Exporteure und der Packerfirmen. Von den vielleicht mehr angeborenen als erworbenen Fähigkeiten des Tea Tasters hängt im Fachhandel häufig das Wohl und Wehe einer Firma ab. Vor allem Importeure müssen über hochqualifizierte Teeprüfer verfügen, denn der Importhandel ist der Mittler zwischen Erzeugern und Abladern einerseits und dem Handel andererseits. Viele Firmen verlassen sich weitgehend auf die Kenntnisse des Tea Tasters beim Importeur, mit dem sie arbeiten. Teekauf ist Vertrauenssache.

Teebüro, Das deutsche: 2 Hamburg 1, Steindamm 9, Tel.: 040/24 62 16, erteilt gern Auskunft über alle mit dem Tee und seiner Zubereitung zusammenhängenden Fragen.

Thein: Bezeichnung für das im Tee enthaltene Koffein.

Tip / Spitze: Das Hüllblatt der Blattknospe des Tees ist mit feinen Härchen besetzt, in denen sich im Verlauf des Produktionsprozesses der Saft der aufgeschlossenen Zellen des Blattes verfängt und während der Fermentation kandiert. Hierdurch sowie durch die unterschiedliche Struktur des Hüllblattes entwickelt sich ein hell- bis goldgelbes Blatt im sonst schwarzen Tee, das als Qualitätsmerkmal gilt.

Tippy Teas: Tees, die einen bemerkenswerten Anteil an hell- bis goldgelben Tips aufweisen.

Tired: Ein »müder« Tee, der infolge Überalterung jedes Aroma verloren hat; er kann auch zu lange auf dem Lager gelegen haben oder von alten, ausgelaugten Sträuchern stammen.

Two leaves and a bud / Zwei Blätter und eine Knospe: Beim Teepflücken wird zur Gewinnung der guten Qualität nur der äußere saftige Stengelteil bis zum zweiten Blatt gebrochen. In der Blattachsel des ersten Blattes steht dabei bereits die noch ungeöffnete Knospe (Bud) eines dritten Blattes. Diese Drei-Einheit des saftigen Endtriebes ergibt den Orange Pekoe oder Flowery Orange Pekoe. Bei der Produktion kandiert in den feinen Härchen an der Blattknospe der Saft der durch Rollen und Fermentieren aufgeschlossenen Zellen, so daß diese Teile hell werden und sich als Tips im fertigen Tee präsentieren.

Teeweisheiten aus vier Jahrtausenden

Die erste Tasse feuchtet mir Lippen und Kehle, die zweite zerbricht meine Einsamkeit, die dritte dringt mir ins unfruchtbare Gedärm, um dort nichts als einige fünftausend Bände wunderlicher Ideogramme zu finden. Die vierte Tasse bringt mich leicht in Schweiß, das ganze Unrecht dieses Lebens zieht durch die Poren ab. Bei der fünften Tasse ist die Reinigung vollzogen, die sechste Tasse ruft mich in die Regionen der Unsterblichkeit. Die siebente Tasse — ach, ich kann nicht weitertrinken. Ich liebe nichts als den kühlen Windhauch, der meine Ärmel hebt. Laßt mich auf diesem lieblichen Winde fahren und entschweben.

Lo Tung

Man trinkt Tee, damit man den Lärm der Welt vergißt.

T'ien Yi-heng

Wundermildes Kraut, die üppige Traube muß dir den Rang abtreten. Leise und harmlos wirkst du als Anreger geselliger Freude.

James Boswell, 1762

Ein Mord mag verziehen werden, Unhöflichkeit beim Tee nie.

Chinesisches Sprichwort

Kalter Tee und kalter Reis mögen noch hingehen; aber kalte Worte sind nicht zum Aushalten.

Chinesisches Sprichwort

Der Weg zum Himmel führt an der Teekanne vorbei.

Englisches Sprichwort

Ob ich morgen leben werde, weiß ich freilich nicht. Aber daß ich, wenn ich morgen lebe, Tee trinken werde, weiß ich gewiß.

Gotthold Ephraim Lessing, 1780

Wenn Dir kalt ist, wird Tee Dich erwärmen — wenn Du erhitzt bist, wird er Dich abkühlen — wenn Du bedrückt bist, wird er Dich aufheitern — wenn Du erregt bist, wird er Dich beruhigen.

William E. Gladstone, 1890

Rezepte

Bei nachstehenden Rezepten ist der Teelöffel als Maßeinheit angegeben. Benutzen Sie die praktischen Tee-Aufgußbeutel, so sehen Sie aus der Gebrauchsanweisung, welche Menge Sie zu nehmen haben.

Tee — Heißgetränke

Tee Himalaya

10 Teelöffel Tee, 1 l Wasser, kandierter Ingwer, weißer Kandis (für ca. 10 Tassen)
Den Tee wie üblich zubereiten (Seite 46/47) und 5 Minuten ziehen lassen. Diesen Tee-Extrakt in eine vorgewärmte Kanne füllen und servieren. Den Ingwer kleinschneiden und in die Tasse geben, diese dann halb mit Tee füllen. Heißes Wasser in einem Kännchen dazustellen, damit jeder den Stärkegrad seines Tees selbst bestimmen kann.

Tee Shalimar

6 Teelöffel Tee, 1 l Wasser, Zucker nach Geschmack, Orangen (für 6 Gläser)
Tee zubereiten, eine Orangenscheibe in das Glas geben und darauf den heißen Tee. Nach Geschmack zuckern.

Tee Everest

6 Teelöffel Tee, 1 l Wasser, Zuckersirup, Apfelschnitze oder anderes Obst nach Wahl, Zitronen, Pfefferminze (für ca. 6 Gläser)
Tee zubereiten und abkühlen lassen. In ein großes Glas Eisstückchen geben, den Zuckersirup, den ausgekühlten Tee, die Apfelschnitze, eine Zitronenscheibe sowie ein Blatt Pfefferminze hinzugeben.

Tee Tabla

6 Teelöffel Tee, 1 l Wasser, Rum, Zucker nach Ge-
schmack, Zitronen, Maraschinokirschen (für ca. 6 Gläser)
Tee zubereiten. In ein Punschglas ein Maß bereits er-
wärmten Rum gießen und mit dem gezuckerten Tee vermengen und flambieren. Eine Zitronenscheibe und eine
Maraschinokirsche hinzufügen.

Tee Sherpa

6 Teelöffel Tee, 1 l Wasser, 25 g Zucker, 1 Flasche Bordeaux-
Rotwein, Zitronenscheibe (für 10–12 Gläser)
Tee zubereiten. Ein Rotweinglas ¹/₃ mit dem Bordeaux füllen, 2 Löffel Zucker beifügen, mit dem heißen Tee auffüllen und gut umrühren.

Assam-Ingwer-Punsch

6 Teelöffel Tee, ¹/₂ l Wasser, 1 Flasche Rotwein, 1 Zitro-
ne, ¹/₄ l Wasser, 125 g Zucker, 2 Stückchen Ingwerwur-
zel, Rum, 2 Nelken (für 10–12 Gläser)
¹/₄ Liter Wasser mit dem Zucker, der Ingwerwurzel und
den Nelken in einem geschlossenen Topf 10 Minuten leise
kochen lassen. Inzwischen den Tee mit ¹/₂ Liter Wasser
aufbrühen und die Flasche Rotwein bis zum Kochen erhitzen. Die Gewürzzuckerlösung, den Tee, den Saft der
Zitrone durch ein feines Sieb hinzugeben, eine Zitronen-
spirale hineinhängen und den Punsch mit einem mehr
oder minder großen Glas Rum vollenden.

Nilgiri-Tee mit Gin

18 Teelöffel Tee, 1 l Wasser, 120 g Zucker, 3 Zitronen,
Gin, Eiswürfel (für 6–8 Gläser)
Tee zubereiten, 3 bis 4 Minuten ziehen lassen und mit dem
Zucker süßen. 3 Eiswürfel und den Saft einer halben Zi-
trone in ein Glas geben. Darüber den heißen Tee gießen
und etwa 2 Teelöffel Gin hinzufügen. Auf den Rand des
Glases eine Zitronenscheibe stecken und mit einem Trink-
halm servieren.

Gewürztee
6 Teelöffel Tee, 1 l Wasser, Kardamom, Anis, Nelken, Zimt und Zucker
Tee aufbrühen und vorsichtig mit kleinen Mengen der genannten Gewürze und dem Zucker abschmecken.

Tee-Milch-Flip
1 Teelöffel Tee, ¹/₄ l Milch, 1 Eßlöffel Zucker, 1 Eigelb (für 2—3 kleine Gläser)
Milch und Zucker aufkochen und damit den Tee aufbrühen. Fünf Minuten ziehen lassen und abgießen. Das schaumig gerührte Eigelb mit der Teemilch verrühren.

Tee mit Arrak
8 Teelöffel Tee, 1 l Wasser, Zitronen, Zucker, Arrak (für 6 Gläser)
Den Tee aufbrühen, abgießen. Vor dem Servieren in jedes Glas einen Teelöffel Zitronensaft, 1 bis 2 Teelöffel Zucker und einen Schuß Arrak geben. Eiswürfel ins Glas tun und mit Tee auffüllen.

Tee Nikolaschka
6 Teelöffel Tee, ¹/₂ l Wasser, Weinbrand, Zucker, Zitronen (für ca. 10 Gläser)
Den Tee aufbrühen, 4 Minuten ziehen lassen und abgießen. Ein nicht zu kleines Schnapsglas je zur Hälfte mit Weinbrand und dem Tee füllen. Darauf eine Zitronenscheibe mit einem Häufchen Zucker legen. Beim Trinken die Zitronenscheibe im Mund behalten und die Flüssigkeit darübergießen.

Tee mit Kaviar
6 Teelöffel Tee, ¹/₂ l Wasser, Zucker, Zitronen, Wodka (für ca. 5 Gläser)
Den Tee zubereiten, Zucker und hauchdünne Zitronenscheiben hineingeben. Dazu ein Gläschen eiskalten Wodka servieren und schwarzen oder weißen Kaviar auf Eis. Für

den Kaviar einen kleinen Perlmuttlöffel nehmen. Zitronenschnitzel dazu servieren, gehacktes hartes Eigelb, gehacktes Eiweiß und warmen, knusprigen Toast.

Ostfriesischer Tee
6 Teelöffel Tee und 1 Teelöffel Tee »für die Kanne«, 1 l Wasser, weißer Kandis, reine Sahne
Sprudelnd kochendes Wasser auf den Tee geben, bis die Blätter gut bedeckt sind. Den Tee nicht länger als 5 Minuten ziehen lassen, dann den Rest des kochenden Wassers nachgießen. Zwei Stückchen oder ein größeres Stück »Kluntje« (Kandis) in die Tasse legen, den Tee eingießen und je nach Geschmack mit einem Löffel vorsichtig ein »Wölkchen« reiner Sahne obenaufgeben. Der Tee wird nicht umgerührt, der Kandisblock löst sich nur langsam auf, man füllt, wenn man ausgetrunken hat, wieder heißen Tee nach und gibt eine neue »Wolke« obendrauf.

Englischer Insulaner-Tee
6 Teelöffel Tee, 1 l Wasser, Milch und Zucker (für 8—10 Tassen)
Den Tee nach den 5 Grundregeln (Seite 46/47) zubereiten. Dann in jede vorgewärmte Tasse etwa $^1/_5$ Liter ungekochte Milch füllen, Zucker hineingeben und mit dem heißen Tee auffüllen.

Schottentee
12 Teelöffel Tee, 1 l Wasser, Whisky, Schlagsahne, Muskat (für ca. 8 Tassen)
Den Tee zubereiten, dicke gemütliche Tassen nehmen (obwohl sonst die Teetassen dünn sein sollten). Den Tassenboden geziemend mit Whisky bedecken, zuckern und mit Tee auffüllen. Umrühren und das heiße Getränk mit einer Haube von kalter Schlagsahne krönen, die man ganz wenig mit Muskat gewürzt hat. Aber wirklich nur so wenig nehmen, daß man den Muskatgeschmack nur ahnt. Den heißen Schottentee durch die kalte Sahne schlürfen.

Champagner-Tee

4 Teelöffel Tee, ¹/₄ l Wasser, 12 Stück Zucker, 1 Zitrone,
2 Flaschen Sekt (für ca. 14 Gläser)
Den Tee aufbrühen, 5 Minuten ziehen lassen, süßen, mit
dem Saft der halben Zitrone und der spiralenförmig abge-
schälten Schale der ganzen Zitrone kalt stellen. Vor dem
Servieren mit 2 Flaschen Sekt auffüllen und noch einige
Zitronenscheiben hineinlegen.

Heißer Eier-Tee

6 Teelöffel Tee, ¹/₂ l Wasser, 3 Eier, 75 g Zucker, Rum
(für 5–6 Gläser)
Den Tee aufbrühen, 5 Minuten ziehen lassen und abgießen. Eigelb mit Zucker cremig schlagen, den Rum hinzugeben und alles unter kräftigem Schlagen unter den heißen Tee rühren. In Gläser füllen und mit etwas Muskatnuß überreiben.

Tee-Milch (warm)

6 Teelöffel Tee, 1 l Milch (für 6 Tassen)
Den Tee mit der Milch aufkochen lassen. Dann durch ein
Sieb abgießen. Das Getränk soll die gleiche Farbe bekom-
men, als hätten Sie den Tee mit Wasser aufgegossen.

Grüner Chinatee

6 Teelöffel grünen Tee, 1 l Wasser
Den Tee wie üblich zubereiten, aber nur 3 Minuten ziehen
lassen. Sonderbarerweise schmeckt der zweite Aufguß
besser als der erste. Deshalb gießen die chinesischen Tee-
kenner den ersten Aufguß schnell ab und trinken nur den
zweiten. Genießen Sie ihn auf chinesische Weise, also ohne
alle Zutaten.

Kräutertee

1 l Wasser, 4 Aufgußbeutel Kräutertee, Zucker
Kräutertees werden wie schwarzer Tee lediglich über-
brüht, müssen 4 bis 5 Minuten ziehen und werden dann

abgegossen. Pfefferminztee nur 2 Minuten ziehen lassen!
Zucker nach Geschmack. Gebrauchsanweisungen auf den
Packungen genau lesen!

Tee-Sahne-Punsch

*4 Teelöffel Tee, ¹/₂ l Wasser, 1 Flasche Rotwein, 150 g
Zucker, 1 Zitrone, 2—3 Gewürznelken, 1 Stange Zimt, ¹/₈
bis ¹/₄ l Rum, ¹/₈ l Schlagsahne (für ca. 12 Gläser)*
Den Tee aufbrühen, 4 bis 5 Minuten ziehen lassen und abgießen. Dann Tee mit Rotwein, Gewürzen und Zitronenschale erhitzen, Rum und den Saft der Zitrone hinzugeben, alles durch ein Sieb in Punschgläser gießen und jeden
Punsch mit Schlagsahne bespritzen.

Hawaii-Punsch

*6 Teelöffel Tee, ¹/₂ l Wasser, 250 g Karamelzucker, Ana-
nassaft und -stücke, ¹/₄ l Arrak, Madeira, 2 Flaschen Mus-
katellerwein (für ca. 22 Gläser)*
Den Tee zubereiten und nach 5 Minuten abgießen. Mit
dem Zucker, 1 Glas Ananassaft, 1 Tasse Ananasstückchen,
¹/₄ Liter Arrak, 1 Glas Madeira und dem Wein erhitzen
und in vorgewärmte Gläser füllen.

Sherry-Punsch

*3 Teelöffel Tee, ¹/₂ l Wasser, 100 g weißer Kandiszucker,
1 Zitrone, ¹/₂ l Sherry, ¹/₄ l Arrak (für ca. 10 Gläser)*
Den Tee zubereiten und den Kandis darin lösen. Die abgeriebene Schale und den Saft einer Zitrone, ¹/₂ Flasche Sherry und den Arrak hinzufügen und alles bis kurz vor dem
Siedepunkt erhitzen. In vorgewärmten Punschgläsern servieren.

Eierpunsch mit Weißwein

*6 Teelöffel Tee, ¹/₂ l Wasser, 1 Flasche Weißwein, 8 Eier,
2 Zitronen, 4 Eßlöffel Zucker, 5 Stück Würfelzucker, 5
Nelken, Muskatpulver*
Den Tee zubereiten und darin die Nelken, ¹/₂ Teelöffel

Muskatpulver und die am Würfelzucker abgeriebene
Schale einer Zitrone ziehen lassen, danach absieben. Mit
dem Weißwein und dem Saft der beiden Zitronen erhitzen. Das Eigelb mit Zucker schaumig rühren, in die Flüssigkeit geben und das Ganze weiter auf dem Feuer schlagen, bis es richtig schaumig geworden ist.

Tee-Grog
*12 Teelöffel Tee, 1 l Wasser, 1/4 l Arrak oder starker
Rum, 200 g Zucker, 1/2 l Wasser, 2 Zitronen*
Den Tee aufbrühen und nach 5 Minuten abgießen. Den
Zucker in dem kochenden Wasser auflösen und mit Tee
und Arrak vermischen. Einige entkernte Zitronenscheiben
hinzugeben.

Normannischer Tee-Punsch
*3 Teelöffel Tee, 1/2 l Wasser, 250 g Kandis, 1 Zitrone, Ge-
würznelken, Zimt, 1 Flasche Burgunder, 1 Flasche Sherry,
1 Flasche Brandy (für ca. 20 Gläser)*
Den Kandis mit 1/2 Liter Wasser, den 2 Nelken, einem
Stückchen Zimt und der Schale 1/2 Zitrone aufkochen und
10 Minuten ziehen lassen. Den Tee aufbrühen, 5 Minuten
ziehen lassen, abgießen und den Saft von 2 Zitronen hinzugeben. Beide Mischungen in einem großen Emailletopf
heiß werden lassen, den Burgunder, Sherry und Brandy
hinzugießen und alles bis zum Siedepunkt erhitzen.

Französischer Tee-Punsch
*4 Flaschen Bordeaux-Wein, 1/2 l Rum, 250 g Zucker, 8
Teelöffel Tee, 1 l Wasser (für ca. 35 Gläser)*
Den Bordeaux mit dem Rum bis kurz vor dem Kochen erhitzen. Sodann die Flüssigkeit anzünden und abbrennen
lassen. Wenn die Flämmchen erloschen sind, den Topf
vom Feuer nehmen und 250 Gramm Zucker hinzufügen
sowie den frisch aufgebrühten Tee. Nochmals erhitzen
und heiß servieren.

Holländischer Tee-Punsch

9 Teelöffel Tee, 3/4 l Wasser, 2 Flaschen Rheinwein, 200 g Kandis, 1 Zitrone, 1/4 Flasche Arrak (für ca. 20 Gläser)

Den Tee zubereiten und mit dem Wein, dem Kandis und der Zitronenschale siedend heiß werden lassen. Dann den Arrak und den Saft der Zitrone dazugeben und heiß servieren.

Tee-Eier-Punsch

4 Teelöffel Tee, 1/4 l Wasser, 250 g Zucker, 1 Zitrone, 1 Orange, 4 Eier

Den Zucker mit einem Glas Wasser aufkochen, den Tee zubereiten und dazugeben. Alles mit dem Saft der Zitrone und Orange vermischen. In ein Wasserbad stellen und die 4 Eigelb hinzutun, langsam sprudeln lassen, bis die Masse steigt. Nicht zu heiß werden lassen, da sonst die Eier gerinnen.

Chinesischer Tee-Punsch

6 Teelöffel Tee, 1 l Wasser, 2 Orangen, Lycheesirup (Konserve), 200 g Kandiszucker, 1 Weinglas Kirschwasser, 1 Weinglas Arrak, 1 Vanilleschote, 2 Flaschen Rheinwein

Den Saft der Orangen, den Kandiszucker, Kirschwasser, Arrak, Vanille und 1 Tasse Lycheesirup miteinander ansetzen und zugedeckt stehenlassen, bis der Zucker gelöst ist. Dann den Tee zubereiten, mit dem Wein und der abgeriebenen Schale der Orangen erhitzen und mit dem Ansatz vermischen. Durch ein Sieb in die Gläser füllen.

Indischer Tee-Punsch

12 Teelöffel Darjeelingtee, 1 l Wasser, 200 g Kandiszucker, 1 Flasche spanischen Rotwein, 1/2 Flasche weißen Martinique-Rum, 2 Orangen (für ca. 18 Gläser)

Den Tee aufbrühen und nach 5 Minuten abgießen, mit dem Kandis (auflösen lassen), dem Rum, dem Rotwein und dem Saft der Orangen erhitzen und gleich servieren.

Windstärke 9

12 Teelöffel Tee, 1/2 l Wasser, 1 Zitrone, 125 g Würfelzuk-
ker, 1 Flasche kräftigen Rotwein, 1 Flasche Portwein, 1
kleine Flasche Weinbrand (für ca. 18 Gläser)
Den Tee aufbrühen und nach 5 Minuten abgießen. Eine
Zitronenschale auf dem Zucker abreiben und den Zucker
in den heißen Tee geben. Den Rotwein und den Portwein
hinzufügen und das Ganze bis kurz vor dem Kochen erhitzen, vom Feuer nehmen, Weinbrand hinzufügen und
sofort servieren.

Veranda-Tee-Punsch

6 Teelöffel Tee, 1/2 l Wasser, Zucker, 2 Apfelsinen, 3 Zi-
tronen, Sodawasser (für ca. 6 Gläser)
Den Tee aufbrühen, 5 Minuten ziehen lassen, abgießen,
nach Geschmack süßen und kalt stellen. Den Tee mit dem
Saft der Zitronen mischen, in Gläser füllen (²/₃) und Sodawasser hinzugeben. Mit Eisstücken servieren.

Steife Brise

2 Zitronen, 1/8 l Weinbrand, 6 Teelöffel Tee, 1/2 l Wasser,
1/8 l Rum, 2 Eßlöffel Honig (für ca. 8 Gläser)
Den Weinbrand mit der Schale einer Zitrone und dem
Saft von 2 Zitronen ansetzen. Den Tee aufbrühen, 5 Mi-
nuten ziehen lassen und abgießen. Beides mit dem 1/8 Liter
Rum und 2 Eßlöffeln Honig vermischen.

Whist

50 g Tee, 1/2 l Wasser, 12 Zitronen, 1 kg Zucker, 2 Fla-
schen Bordeaux (für ca. 16 Gläser)
Den Tee aufbrühen, 5 Minuten ziehen lassen, abgießen.
Den Saft der Zitronen mit dem Zucker vermischen, den
Tee zugießen und bis zum Siedepunkt erhitzen. Bordeaux
hinzufügen, kurz aufkochen lassen. Heiß servieren.

Mitternachtspunsch

12 Teelöffel Tee, 1 l Wasser, 8 Orangen, 2 Zitronen, Zuk-
ker, 1/2 l Rum, Arrak (für ca. 12 Gläser)
Den Tee aufbrühen, 5 Minuten ziehen lassen und abgießen. Den Saft der Orangen und Zitronen, Rum und etwas
Arrak hinzugeben, mit Zucker abschmecken und nochmals erhitzen. Heiß servieren.

Krambambuli

12 Teelöffel Tee, 1 l Wasser, 3 Flaschen Weißwein, 750 g
Zucker, 1 Zitrone, 1 Flasche Arrak (für ca. 35 Gläser)
Den Tee aufbrühen und nach 5 Minuten abgießen. Den
Wein mit dem Zucker und der Zitronenschale zum Ko-
chen bringen, den Arrak und Tee hinzugeben und das
Ganze heiß oder kalt servieren.

Gin-Tee-Punsch

12 Teelöffel Tee, 1 l Wasser, Zitronen- oder Orangensi-
rup, Gin, Orangenbitter, 1 Dose Ananas, 3 Apfelsinen
(für 8—9 Gläser)
Tee aufbrühen, 5 Minuten ziehen lassen, abgießen und
kalt stellen. In Jenaer Teegläser gibt man einige Eisstücke,
1 Eßlöffel Sirup, 2 Gläschen Gin und einen Spritzer
Orangenbitter. Mit dem abgekühlten Tee auffüllen, umrühren und mit Ananas, Apfelsinenscheiben und Strohhalmen
servieren.

Heißer Tee-Punsch

2 Tassen schwarzer Tee, Saft und Schale einer Zitrone,
125 g Zucker, 1 Flasche Weißwein, 1/8 l Jamaika-Rum
Die feingeschälte Zitronenschale im Tee 10 Minuten ziehen lassen. Tee, Weißwein, Zitronensaft und Zucker in einen Topf geben und eben aufkochen lassen. Den Jamaika-
Rum erst kurz vor dem Servieren als vorsichtige Zugabe
hineingeben, das Tee-Aroma darf nicht ganz überspült
werden.

Orangen-Tee-Punsch

6 Teelöffel Tee, $^1/_2$ l Wasser, 5 Zitronen, 3 Apfelsinen, $^1/_2$ Flasche Cognac, 300 g Honig, 1 l Wasser, $^1/_2$ Flasche Rum (für ca. 12 Gläser)

Die Schale der Apfelsinen spiralförmig abschälen, die 5 Zitronen auspressen. Die Schale mit dem Zitronensaft und dem Cognac in einem großen Gefäß (ca. 2$^1/_2$ Liter) etwa 3 bis 4 Stunden ziehen lassen. Danach die Schale herausnehmen, den wie üblich zubereiteten heißen Tee hinzugeben, ebenso den Honig, den Rum und 1 Liter Wasser. Alles zusammen erhitzen. Der Punsch darf nicht kochen, da er sonst sein vollmundiges Aroma verliert. Eine wahre Wohltat bei Grippe und Schnupfen.

Tee-Cocktail mit Fruchtsäften

1 Eßlöffel Tee, $^1/_4$ l Wasser, 4 Tassen Traubensaft, 2 Tassen Grapefruitsaft, 4 Tassen Sodawasser und Zucker nach Geschmack, Eiswürfel (für 25 Punschgläser)

Den Tee wie üblich zubereiten, abkühlen lassen. Den Traubensaft, den Grapefruitsaft und das Sodawasser dazugeben und nach Geschmack süßen. Den fertigen Tee-Cocktail mit Eiswürfeln in einem Bowlengefäß servieren.

Rotweinpunsch mit Kandis

4 Teelöffel Tee, $^1/_4$ l Wasser, 150 g weißer Kandis, 3 Nelken, etwas Stangenzimt, 1 Zitrone, 1 Flasche Rotwein (für ca. 8 Gläser)

Den Tee zubereiten, 5 Minuten ziehen lassen, abgießen und mit dem Kandis, den Nelken, dem Zimt und dem Saft der Zitrone aufkochen. Dazu den Rotwein geben, nochmals erhitzen und heiß servieren.

Japanischer Tee-Punsch

2 Teelöffel grünen japanischen Tee, $^1/_2$ l Wasser, 250 g Zucker, 1 Zitrone, 2 Flaschen Moselwein, 1 Flasche Arrak

Den Tee aufbrühen, 5 Minuten ziehen lassen, abgießen,

mit dem Zucker süßen und die abgeriebene Schale einer Zitrone hinzufügen. Dann durch ein Mulltuch in einen Messingkessel abgießen, 2 Flaschen Moselwein und die Flasche Arrak dazugießen. Alles erhitzen, aber nicht kochen lassen. Der japanische Teepunsch wird in einer vorgewärmten Porzellanterrine serviert und aus kleinen Porzellantassen getrunken.

Tee-Orangen-Punsch
4 Teelöffel Tee, ¹/₂ l Wasser, 1 Zitrone, 5 Blutorangen, ¹/₂ Flasche Rum, 150 g Zucker
Den Tee zubereiten und nach 5 Minuten durch ein Sieb abgießen. Das heiße Getränk mit dem Saft einer halben Zitrone und dem Saft der Orangen vermengen und zukkern. Zum Schluß den Rum hinzugeben.

Kuba-Punsch
6 Telöffel Tee, 1 l Wasser, Rum, Zucker und Zitronen, Vanille (für ca. 8 Gläser)
¹/₂ Stunde vor dem Servieren legt man in jedes Glas eine Zitronenscheibe. Darauf kommen 2 Gläschen Rum und 2 Teelöffel Zucker. Unmittelbar vor dem Servieren streut man noch eine Prise Vanille darüber und füllt mit dem heißen Tee auf.

Pflanzer-Punsch
12 Teelöffel Tee, 1 l Wasser, ¹/₂ Flasche Jamaika-Rum, Cognac, Ananassaft, Zitronen, Zucker (für 8–9 Gläser)
Den Tee zubereiten und nach 5 Minuten abgießen. Den Zucker in dem heißen Tee auflösen, den Saft der Zitrone, 1 Likörglas Cognac, 1 Weinglas Ananassaft und den Rum dazugeben und das Ganze nochmals erhitzen und sofort servieren.

Amerikanischer Arrak-Punsch
12 Teelöffel Tee, 1 l Wasser, 5 Zitronen, ¹/₂ l Arrak, ¹/₂ l Portwein, 500 g Zucker (für ca. 20 Gläser)

Den Tee aufbrühen und nach 5 Minuten abgießen. Mit dem Zucker süßen, den Zitronensaft, Arrak und Portwein hinzugeben, das Ganze erhitzen und servieren.

Himbeer-Punsch mit Arrak
18 Teelöffel Tee, 1 1/2 l Wasser, 1/2 l Himbeersirup, 400 g Zucker, 1/4 l Arrak (für ca. 20 Gläser)
Den Tee zubereiten und nach 5 Minuten abgießen. Mit Himbeersirup und Zucker erhitzen und zum Schluß den Arrak hinzufügen.

Tee-Vanille-Punsch
6 Teelöffel schwarzer Tee, 1/2 l Wasser, 1 Stange Vanille, Saft von einer Apfelsine, 200 g Zucker, 1 Fl. deutscher Weißwein, 1/4 l Madeira
Tee aufbrühen, 3 bis 4 Minuten mit der aufgeschnittenen Vanillestange ziehen lassen, Apfelsinensaft zugeben, durchseihen und mit dem Zucker zu Weißwein und Madeira geben, erhitzen.

Amerikanischer Tee-Grog
6 Teelöffel Tee, 1/2 l Wasser, Curaçao, Rum, Gewürznelke, Zitrone, Zucker
Den Tee aufbrühen, 5 Minuten ziehen lassen, abgießen, süßen. In jedes Glas 1 Spritzer Curaçao und 1 Gläschen Rum geben. Mit einer Zitronenscheibe servieren, die mit einer Gewürznelke besteckt ist.

Tee — Kaltgetränke

Tee-Cocktail
6 Teelöffel Tee, 1 l Wasser, Puderzucker, Maraschino-Kirschen, Weinbrand, Eiswürfel (für 8 Gläser)
Den Tee zubereiten, das Glas mit einem Krustarand richten. In jedes Glas einige Eiswürfel geben (halbvoll), dar-

über kleingeschnittene Maraschinokirschen und einen
Teelöffel Puderzucker. Den heißen Tee daraufgießen und
mit einem Schuß Weinbrand servieren.

Tee mit Gin
*12 Teelöffel Tee, ¹/₂ l Wasser, 60 g Zucker, Zitrone und
Gin (für ca. 5 Gläser)*
Den Tee zubereiten und den Zucker hineingeben. In ein
Glas reichlich Eiswürfel füllen (etwa halbvoll), dazu den
Saft einer halben Zitrone, und darauf den heißen Tee-Extrakt gießen. Anschließend 2 Teelöffel Gin hinzugeben
und eine Zitronenscheibe auf den Glasrand stecken. Mit
einem Trinkhalm servieren.

Tee-Cobbler
*6 Teelöffel Tee, ¹/₂ l Wasser, Zucker, Weinbrand, Zitronen-
eislikör (für 5—6 Gläser)*
Den Tee aufbrühen, 5 Minuten ziehen lassen und abgießen, abkühlen lassen. Ein Glas zur Hälfte mit Eiswürfeln
füllen. Je 1 Gläschen Weinbrand und Zitroneneislikör
hinzufügen. Mit dem abgekühlten Tee auffüllen, mit Zuk-
ker abschmecken und mit Strohhalm servieren.

Pineapple-Tee-Drink
*6 Teelöffel Tee, ¹/₂ l Wasser, 1 Dose Scheiben-Ananas oder
auch geschnittene, Zitronensaft, kandierten Ingwer, 1
Flasche Mineralwasser (für 7—8 Gläser)*
Den Tee aufbrühen und 5 Minuten ziehen lassen, abgießen
und kalt stellen. 3 Scheiben Ananas zerschneiden und mit
etwas Zitronensaft beträufeln. Den kalten Tee darübergießen und das Ganze etwa 1 Stunde in den Kühlschrank
stellen. Vor dem Servieren kommt noch 1 Flasche gutge-
kühltes Mineralwasser dazu und der feingehackte Ingwer.

Vitamin-Tee-Drink

6 Teelöffel Tee, 1/2 l Wasser, schwarzer Johannisbeersaft, Mineralwasser, Zucker (für ca. 10 Gläser)

Den Tee aufbrühen, 5 Minuten ziehen lassen, abgießen und kalt stellen. Schwarzen Johannisbeersaft und den kalten Tee zu gleichen Teilen in Limonadegläser füllen, so daß die Gläser zur Hälfte, höchstens aber 2/3 gefüllt sind. Dann das gutgekühlte Mineralwasser hinzutun, nach Geschmack süßen und eventuell mit Eiswürfeln servieren.

Tee-Milch (kalt)

6 Teelöffel Tee, 1 l Milch, 1/2 l Schlagsahne, Zucker, Rum oder Weinbrand (für 9—12 Gläser)

Den Tee mit der Milch aufbrühen, 5 Minuten ziehen lassen, absieben, nach Geschmack süßen und erkalten lassen. Sahne dazugeben und mit Weinbrand abschmecken. Dann mit Eis im Glas servieren.

Minz-Eistee

8 Teelöffel Tee, 1 l Wasser, 1/4 l Zitronensaft, Gewürznelken, Pfefferminz oder einen Aufgußbeutel Pfefferminz-Tee, 200 g Zucker oder weißen Kandis

Den schwarzen Tee mit dem Pfefferminztee aufbrühen, 5 Minuten ziehen lassen, abgießen bzw. Teebeutel herausnehmen. Zitronensaft und Zucker hinzugeben, verrühren und abkühlen lassen. In Gläsern mit Eiswürfeln servieren (circa 10 Gläser).

Eistee mit Ingwer

12 Teelöffel Tee, 1 l Wasser, Zitrone, 100 g Zucker, Ingwer, Eiswürfel (für ca. 10 Gläser)

Den Tee aufbrühen und 5 Minuten ziehen lassen, dann abgießen. Die Gläser 2/3 mit Eiswürfeln füllen, den Tee darübergießen und mit Zitronenscheiben und Ingwerstückchen servieren.

Johannisbeer-Eistee

6 Teelöffel Tee, 1 l Wasser, Zucker, Johannisbeersaft (für 6—8 Gläser)

Den Johannisbeersaft in die Eisschale des Kühlschrankes oder in die Gefriertruhe geben und gefrieren. Den Tee zubereiten, nach Geschmack süßen und erkalten lassen. In jedes Glas zwei der Johannisbeerwürfel geben und beliebig viel kalten Tee dazu.

Eistee nach Ostfriesenart

12 Teelöffel Tee, 1 l Wasser, 1 Tasse Schlagsahne, 90 g Puderzucker, Weinbrand (für 18 Gläser)

Den Tee aufbrühen, die Sahne steif schlagen und mit dem Puderzucker mischen. Ein Glas zu ²/₃ mit Eiswürfeln füllen, ¹/₃ des heißen Tees daraufgeben, umrühren, ein Sahnehäubchen aufsetzen und einige Tropfen Weinbrand darauf spritzen.

Eistee

12 Teelöffel Tee, 1 l Wasser, Zuckerlösung, Puderzucker, Zitronensaft oder Alkohol (für ca. 18 Gläser)

Tee zubereiten und 5 Minuten ziehen lassen, abgießen und nach Geschmack süßen. 1 Glas ³/₄ mit Eiswürfeln füllen und den heißen Tee darübergießen. Eventuell mit etwas Obstsaft oder Alkohol abschmecken, zum Beispiel mit Rum.

Sahne-Eistee

10 Teelöffel Tee, ¹/₂ l Wasser, Zucker, ¹/₂ l Schlagsahne (für ca. 5 Gläser)

Den Tee aufbrühen, 4 Minuten ziehen lassen, abgießen und süßen. 3 Eiswürfel und 2 Eßlöffel Sahne in ein Glas geben, den Tee-Extrakt daraufgießen und ein Schlagsahnehäubchen aufsetzen.

Kalter Eier-Tee

12 Teelöffel Tee, 1 l Wasser, Rum, Weinbrand, Zuckerlösung, 3 Eier, Muskatnuß (für ca. 9 Gläser)

Den Tee aufbrühen und 5 Minuten ziehen lassen, abgießen und kaltstellen. In einem Mixbecher feines Eis, 1 Gläschen Rum, 2 Gläschen Weinbrand, rohes Eigelb und eventuell etwas Zucker geben. Alles kräftig schütteln, in Gläser seihen, mit kaltem Tee auffüllen und mit Muskatnuß überreiben.

Champagner-Tee-Bowle

4 Teelöffel Tee, 1/4 l Wasser, 12 Stck. Zucker, 1 Zitrone, 2 Flaschen Sekt (für ca. 14 Gläser)

Tee aufbrühen, 5 Minuten ziehen lassen, süßen, mit dem Saft der halben Zitrone kaltstellen. Vor dem Servieren mit 2 Flaschen Sekt auffüllen und noch einige Zitronenscheiben hineinlegen.

Ananas-Tee-Bowle

12 Teelöffel Tee, 1 l Wasser, 1 Dose Ananas (ca. 500 g), 200 g Zucker, Eiswürfel, 5 Zitronen (für ca. 14 Gläser)

Den Tee aufbrühen und 5 Minuten ziehen lassen, abgießen und kalt stellen. Die Zuckerlösung zubereiten und ebenfalls kalt stellen. Die Ananas auf ein Sieb geben und abtropfen lassen. Den Saft von 4 Zitronen und den Ananassaft unter den Tee rühren. Ananas in kleine Stücke und 1 Zitrone in feine Scheiben schneiden, in den Tee geben, das Ganze mit Zuckerlösung abschmecken und mit reichlich Eiswürfeln servieren.

Tee-Bowle mit Wein

12 Teelöffel Tee, 1 l Wasser, 2 Zitronen, 1/2 l Weißwein, 100 g Zucker (für 10—12 Gläser)

Den Tee aufbrühen und 5 Minuten ziehen lassen, dann abgießen. Den Saft der Zitronen, den Zucker und den Wein dazugeben, abkühlen lassen und mit Eiswürfeln servieren.

Tee-Früchte-Bowle

12 Teelöffel Tee, 1 l Wasser, 200 g Zucker, ¹/₄ l Zitronen-saft, ¹/₄ l Apfelsinensaft, 1 Zitrone, 2 Apfelsinen, 1 Tasse Erdbeeren oder andere Früchte (für ca. 16 Gläser)

Den Tee aufbrühen, 5 Minuten ziehen lassen, abgießen, süßen und kalt stellen. Dann den Zitronensaft, den Apfel-sinensaft und die in Scheiben geschnittenen Früchte sowie die Erdbeeren hinzugeben und mit Eiswürfeln servie-ren.

Tee-Eis und Tee-Gebäck

Tee-Eis

3 Teelöffel Tee, ¹/₄ l Wasser, ¹/₂ l Milch, 4 Eier, 150 g Zuk-ker, Rum oder Cognac

Den Tee aufbrühen, 5 Minuten ziehen lassen, abgießen und kalt stellen. 4 Eigelb mit Zucker schaumig rühren, mit der Milch und dem Tee vermengen und auf kleinem Feuer unter ständigem Rühren oder Schlagen erhitzen, aber nicht aufkochen lassen. Gut abkühlen und in das Ge-frierfach stellen. Zum Servieren im Becher mit Schlagsah-ne und mit einem halbierten Pfirsich garnieren, der in ge-zuckertem Whisky gebeizt wurde.

Tee-Eis

8 Teelöffel Tee, 1 l Wasser, ¹/₂ l Schlagsahne, 3 Apfelsinen, 2 Eier, Zucker

Den Tee mit 1 Liter Wasser aufbrühen, 5 Minuten ziehen lassen, umrühren und abgießen. ¹/₂ Liter Schlagsahne, den Saft von 3 Orangen, die verquirlten Eigelb und Zucker nach Geschmack unter den Tee-Extrakt mischen. Im Ge-frierfach erstarren lassen, in hohe Gläser füllen und eine Schlagsahnehaube aufsetzen.

Teecreme Prinzeß (Süßspeise)

2 Teelöffel Darjeelingtee, ¹/₄ l Wasser, 2 Eier, 50—70 g Zucker, 1 Prise Salz, 6 Blatt oder 1 Päckchen weiße Gelatine, 2 Apfelsinen, 250 g Schlagsahne, Zucker, Rum

Den Tee aufbrühen, 4 bis 5 Minuten ziehen lassen und abgießen. Eigelb, Zucker und Salz schaumig rühren, die aufgelöste Gelatine, den abgekühlten Tee und die Apfelsinenschale mit dem Rum hinzufügen, im Kühlschrank stocken lassen und dann das steifgeschlagene Eiweiß und die Schlagsahne unterheben. Die gezuckerten und mit Rum beträufelten Apfelsinenstückchen in einer Glasschüssel oder in Weingläsern anrichten, die Teecreme darübergeben und die Süßspeise gut abgekühlt servieren.

Ostfriesische Teecreme (Süßspeise)

2 Teelöffel Tee, ¹/₂ Tasse Wasser, 1 Tasse Milch, 3 Eßlöffel Zucker, 1 Ei, 1¹/₂ Eßlöffel Stärkemehl, Rum und Zitrone

Den Tee mit einer halben Tasse heißem Wasser aufbrühen und auf den Blättern erkalten lassen, dann abgießen. Die Milch mit dem Zucker zum Kochen bringen. Das Eigelb mit dem Stärkemehl verquirlen und mit dem kalten Tee in die kochende Milch geben. Das Ganze noch einmal aufwallen lassen. Das steifgeschlagene Eiweiß unterziehen, die Creme mit Rum und Zitrone abschmecken und in Gläsern servieren.

Scones (englische Brötchen)

250 g Mehl, 10 g Backpulver, 1 Eßlöffel weiche Butter, saure Milch, Salz

Geben Sie das gesiebte Mehl, das Backpulver, die weiche Butter, eine Prise Salz in eine tiefe Schüssel und vermischen Sie alles mit so viel saurer Milch, daß ein fester Teig entsteht, der mindestens eine halbe Stunde stehen muß und dann dick ausgerollt und in Dreiecke geschnitten wird. Die Dreiecke legen Sie auf ein leicht mit Mehl bestäubtes Blech und backen sie bei mittlerer Hitze (gut

200°) etwa 12 Minuten lang. Die Scones werden genau wie die Muffins warm serviert. Durchschneiden, toasten und dick mit Butter bestreichen.

Hot Cross Buns (englische Brötchen)

250 g Mehl, 1/2 Teelöffel gemischte, gemahlene Nelken — Zimt — Muskat, 10 g Hefe, 50 g Zucker, 50 g Butter, 1/2 Tasse Milch, 1 Ei, 60 g Korinthen, Salz

Das gesiebte Mehl mit den Gewürzen, der Hefe, etwas Zucker und der gewärmten Milch anrühren. Ist dieser Vorteig, den Sie in die Mehlmitte gegeben haben, gegangen, so kommen der restliche Zucker, die zerlassene Butter, der Rest Milch, das Ei und Salz dazu. Aus allem machen Sie einen festen Teig, wenn nötig, nehmen Sie noch ein zweites Ei hinzu. Jetzt unterkneten Sie die Korinthen und lassen den Teig an einer warmen Stelle zugedeckt zu der doppelten Höhe gehen. Dann formen Sie daraus eigroße Brötchen, die mit nötigem Abstand auf ein gebuttertes Blech kommen, wo sie zugedeckt nochmals gehen müssen. Dann drücken Sie mit dem Messerrücken ein Kreuz in die Buns und backen sie 15 Minuten bei etwa 200°. Schließlich werden sie heiß mit gezuckerter Milch bepinselt und warm mit Butter serviert. Nur wer einen schwachen, empfindlichen Magen hat, sollte Hot Cross Buns genau wie Scones und Muffins lieber abgekühlt essen.

Muffins (englische Teebrötchen)

15 g Hefe, 1 Teelöffel Zucker, 1 Prise Salz, 500 g Mehl, warme Milch

Mit einem Teil des Mehls und den Zutaten machen Sie einen Vorteig und lassen ihn an einem warmen Platz 4 Stunden lang gehen. Dann verkneten sie ihn mit dem Rest des Mehls, schneiden den Teig in eigroße Stücke, formen ihn zu Bällen, drücken ihn etwas platt und lassen ihn auf einem eingemehlten Tuch in der Wärme gehen. Sobald die Muffins doppelt so groß geworden sind, schieben Sie die Teigstücke auf einem Blech ins Rohr und backen bei Mittelhitze. Sobald sie sich auf der Oberseite bräunen, wenden Sie die Muffins um; sie brauchen gute 15 Backminuten und werden warm serviert. Durchschneiden und mit Butter bestreichen.

Teegebäck

200 g Butter, 100 g Zucker, 3 Eier, 300 g Mehl, 150 g Mondamin, 1 Päckchen Backpulver, 1 Päckchen Vanillezucker, 5 Eßlöffel Wasser, 1 Eigelb, Mandelspäne
Die Zutaten zu einem Mürbeteig verarbeiten, ausrollen und mit Formen ausstechen. Mit Eigelb bepinseln und mit Mandelspänen belegen.

Russisches Fruchtbrot (Teegebäck)

200 g gemischte kandierte Früchte, 70 g Nüsse, 9 Eier, 1 Gläschen Rum, 150 g Zucker, 200 g Mehl, 70 g Butter, 1/2 Zitronenschale
Das kandierte Obst und die Nüsse fein hacken, mit Rum übergießen, 3 Eier, 6 Eidotter, Staubzucker und geriebene Zitronenschale beigeben und über Dampf unter ständigem Schlagen erwärmen. Dann vom Dampf nehmen, aber weiterschlagen, bis die Masse auskühlt. Mit Mehl und Butter vermengen, danach in eine gebutterte und bemehlte Form legen und bei mittlerer Flamme ca. 40 Minuten backen. Auskühlen lassen, in Scheiben schneiden und zum Tee servieren.

Zuckerrubel (Teegebäck)

130 g Staubzucker, 80 g Mehl, 4 Eiweiß, Saft und geriebene Schale von 1/2 Zitrone, Butter
Den Eischnee mit Zucker 1/2 Stunde schaumig rühren, dann Mehl, geriebene Zitronenschale und Zitronensaft beimengen. Die Masse 1/2 Stunde stehenlassen, dann auf ein gebuttertes Blech mit Spritzbeutel kleine Plätzchen setzen und bei mittlerer Flamme in der Röhre backen.

Chinesische Mandelkuchen

200 g Mehl, 1 gestrichener Teelöffel Backpulver, 100 g Puderzucker, 1 Teelöffelspitze Ingwer, 50 g abgezogene, geriebene Mandeln, 1 Eigelb, 5–6 Eßlöffel Öl, etwas Weinbrand und ganze Mandeln

Geben Sie das gesiebte Mehl, Backpulver, Puderzucker und Ingwer in eine Schüssel und fügen Sie Mandeln, Eigelb, Öl und Weinbrand hinzu. Dann verkneten Sie alles zu einem festen Teig und formen daraus kleine Kugeln. Diese legen Sie auf ein gefettetes Blech, drücken sie flach und stecken in jedes Küchlein eine abgezogene Mandel. Die Mandelküchlein werden im Ofen bei Mittelhitze 15 bis 20 Minuten gebacken.

Geröstete Walnüsse

1¹/₂ Tassen Walnußkerne, ¹/₂ Tasse Zucker, ¹/₂ Tasse Öl

Die Nüsse mit heißem Wasser übergießen und 2 Minuten ziehen lassen, zum Abtropfen auf ein Sieb geben. Dann in einer Schüssel mit dem Zucker mischen und über Nacht stehenlassen. Das Öl in einer Pfanne erhitzen, die Walnüsse dazugeben und unter Rühren goldbraun rösten. Warm oder kalt servieren.

Dattelkuchen

250 g Datteln, 50 g Kokosflocken, 50 g feingehackte Walnüsse, 50 g brauner Rohrzucker oder Honig, 50 g Reismehl, Ingwer oder Anisgewürz

Die Datteln entkernen und fein hacken. Dann mit den Kokosflocken so lange kneten, bis eine feste Masse entsteht. Dazu die Walnüsse geben und das Ganze 20 Minuten stehenlassen. Anschließend das Reismehl und etwas lauwarmes Wasser oder Ingwersaft hinzufügen, ebenfalls Zucker und Honig, und den Teig nochmals 15 Minuten stehenlassen. Kugeln formen (ca. 2 cm Durchmesser) und in schwimmendem Fett ausbacken. Kalt oder warm servieren (ergibt ca. 60 Küchlein).

Es ist immer Zeit für eine gute Tasse Tee

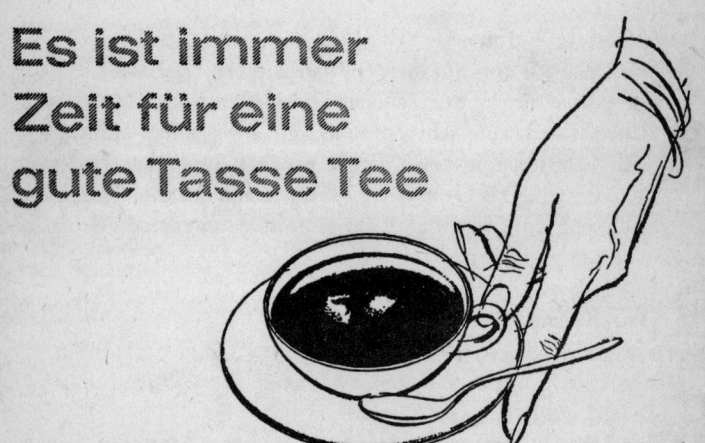